Eucharistie – Ein Weg der Wandlung

Eucharistie –

Ein Weg der Wandlung

Verlag
BE Team

Autor: Leo Tanner

BE*Team*

Druck: Buchdruckerei Holzer, D-88717 Weiler im Allgäu
1. Auflage 1999

ISBN 3-909085-04-0

Inhaltsverzeichnis

Einleitung

Vorwort

Die Menschheitsgeschichte ist immer in Entwicklung. Die Zeiten ändern sich. Jede Zeitepoche hat ihre eigenen Fragen ans Leben und an den Glauben. Das bedingt, dass der gleiche Glaube immer wieder neu ausgelegt und auf die Sehnsüchte und Fragen der Zeit eingehen muss. Heute sehnen sich viele Menschen nach Wandlung. Der Ritus der Eucharistie – Eucharistie heisst wörtlich Danksagung – zeigt den Weg der Wandlung in erfülltes Menschsein auf. «Ritus heisst vom Ursprung her Verwandlungsweg» (Anselm Grün). Diese Schrift will helfen, diesem Weg nachzuspüren und im eigenen Leben fruchtbar werden zu lassen.

Die Eucharistiefeier ist so vielschichtig, dass sie unmöglich in einer kleinen Schrift umfassend dargestellt werden kann. Sie als Wandlungsweg zu sehen und zu leben, ist darum nur eine von vielen Möglichkeiten. Einige suchen mehr einen Zugang von der Dogmatik, andere vom persönlichen Alltagsleben her. Mein Zugang in diesem Buch kommt von der Bibel her und nimmt in besonderer Weise den Gemeinschaftsgedanken auf. Leicht werden Sie herausspüren, dass vieles geprägt ist von meiner persönlichen Sicht und Art und Weise der Feier der Eucharistie.

Als Schrifttext wird uns die Geschichte der beiden Emmausjünger begleiten. In ihr finden wir den Ablauf der Eucharistiefeier sowie den Weg der Wandlung exemplarisch dargestellt. Inspiriert wurde ich vor allem vom Buch «Die Kraft seiner Gegenwart» von Henri Nouwen. Von ihm habe ich die Grundidee sowie viele Gedanken übernommen.

Damit die *Schriftzitate* sowie die *offiziellen Texte des Ritus* der Eucharistie sofort erkannt werden, sind diese *kursiv* gedruckt. Im **Fettdruck** stehen jeweils **Rituselemente**.

Herzlich danke ich Hubert Reichardt (Pfarrer), Patrik Scherrer (Dominikaner) und Thomas Meyer (Pfarrer) für die theologischen Ergänzungen, Judith Köppel (Lehrerin) und Monika Wild (Psychologin) für die Lektorinnentätigkeit sowie dem Verlagsteam für ihre wertvolle Mitarbeit. Ohne sie alle wäre vieles nicht möglich geworden. Herzlich danke ich allen, die mich selber tiefer ins Geheimnis und Leben der Eucharistie eingeführt haben.

Zum Umgang mit dieser Schrift

Liebe Leserin, lieber Leser

Sie haben die Schrift «Eucharistie – ein Weg der Wandlung» vor sich. Darin sind Vorträge zu diesem Thema enthalten. Sie sind sprachlich nur wenig überarbeitet, so dass Sie noch deutlich den Redetext heraushören können. Weiter finden Sie ergänzende Texte und Gedanken, die wie Mosaiksteine das Bild ergänzen möchten. Grundsätzlich haben Sie drei Möglichkeiten, wie Sie diese Schrift verwenden können:

- als Buch zur persönlichen Weiterbildung. In diesem Fall bitte ich Sie, die Passagen, in denen ich die Leserin, den Leser persönlich anspreche, zu überlesen. Diese Hinweise sind nicht für Sie gedacht.
- als Impulstext für einen persönlichen Wegprozess, als geistliches Programm. Ob allein oder in einer Gruppe, die persönlichen Hinweise sind dann für Sie als Hilfen gedacht. Bitte lassen Sie sich dadurch nicht unter Druck setzen und gehen Sie in der Freiheit des Geistes damit um. Zur persönlichen Verinnerlichung ist das **Begleitheft** gedacht. Dort finden Sie neben weiterführenden Gedanken Illustrationen von P. Patrik Scherrer, die das Geheimnis der Eucharistie bildhaft erschliessen.
- als Grundlagentext, um selber ein Seminar über die Eucharistie geben zu können. Eine weitere wertvolle Hilfe kann für Sie die Referentenmappe sein, in der Sie Bild- und Textfolien, Fragen für das Gruppengespräch, Ablaufskizzen, sowie viele Anregungen zur Durchführung des Seminars finden.

Ich wünsche Ihnen eine gewinnbringende Lektüre, Ausdauer und eine neue Freude am grossen Geschenk Jesu, der Eucharistie.

1. Die Eucharistiefeier im Überblick

In diesem Kapitel möchten wir uns einen Überblick über den ganzen Ritus und die Dimensionen der Eucharistiefeier verschaffen. Es geht also um den grossen Bogen. Anschliessend, in den folgenden Kapiteln, werden wir uns den einzelnen Teilen des Ritus zuwenden.

Eucharistie, Abendmahl, Messe, Brotbrechen ..., worum geht es hier? Die Theologie nennt diese Feier Pascha-Mysterium. Mysterium hat mit Geheimnis zu tun. Ein Geheimnis ist nicht ohne weiteres zu verstehen. Dies umso mehr, wenn es wie hier um geistige Wirklichkeiten geht.

Der Weg in ein besseres Leben

Pascha kommt von der jüdischen Paschafeier. Dort hat die Eucharistiefeier ihre Wurzeln. Die jüdische Paschafeier erinnert an den Auszug aus Ägypten. Pascha meint den Durchgang in ein besseres Leben. Pascha-Mysterium kann als der geheimnisvolle Weg in ein besseres Leben, in eine bessere Zukunft verstanden werden. Auch Märchen sind ein Mysterium, die eine tiefe Lebenswahrheit beinhalten, die man meist intuitiv mit dem Herzen erahnt. So beginne ich mit dem Märchen von der Kristallkugel, das ich leicht verkürzt wiedergebe. In dessen Erklärung werde ich anschliessend die Urerfahrung des Volkes Israels einbauen.

Die Kristallkugel

«Es war einmal eine Zauberin. Die hatte drei Söhne, die sich brüderlich liebten. Aber die Alte traute ihnen nicht und dachte, sie wollten ihr ihre Macht rauben. Da verwandelte sie den Ältesten in einen Adler, und man sah ihn manchmal am Himmel in grossen Kreisen auf- und niederschweben. Den Zweiten verwandelte sie in einen Wal, und man sah nur, wie er manchmal einen mächtigen Wasserstrahl in die Höhe warf. Der dritte Sohn fürchtete, sie würde ihn in ein reissendes Tier verwandeln. So ging er heimlich fort. Er hatte gehört, dass auf dem Schloss der goldenen Sonne eine verwünschte

Königstochter sässe, die auf Erlösung wartete. Es müsste aber jeder sein Leben daran wagen, und schon 23 Jünglinge wären eines jämmerlichen Todes gestorben. Jetzt sei nur noch einer übrig, dann dürfte keiner mehr kommen. Da er ohne Furcht war, entschloss er sich, das Schloss von der goldenen Sonne aufzusuchen.

Unterwegs erhielt er von zwei Riesen einen Wünschhut. Mit Hilfe dieses Wünschhutes kam er auf das Schloss der goldenen Sonne. Er ging in das Schloss hinein und fand im letzten Zimmer die Königstochter. Er erschrak bis ins Innerste, als er sie sah. Denn sie hatte ein aschgraues (aschfahles) Gesicht voller Runzeln, trübe Augen und rote Haare. Da fragte er: 'Sind Sie die Königstochter, deren Schönheit alle Welt rühmt?' Sie antwortete: 'Das, was Sie sehen ist meine Gestalt nicht. Die Augen der Menschen können mich nur in dieser Hässlichkeit sehen. Aber damit Du weisst, wie ich aussehe, so schau in den Spiegel. Dieser lässt sich nicht täuschen, der zeigt Dir mein Bild, wie es in Wahrheit ist.' Sie gab ihm den Spiegel in die Hand, und er sah darin das Bild der schönsten Frau, die es auf der Erde gibt. Und dabei sah er, wie der Königstochter vor Traurigkeit die Tränen über die Wangen rollten.

Da sprach er: 'Wie kannst Du erlöst werden? Ich scheue keine Gefahr.' Sie antwortete: 'Wer die kristallene Kugel erlangt und sie dem Zauberer vorhält, der bricht damit seine Macht, und ich kehre in meine wahre Gestalt zurück. Doch schon mancher ist deswegen in den Tod gegangen, und Du tust mir leid, wenn Du Dich wegen mir in eine so grosse Gefahr begibst.'

Er jedoch sprach: 'Mich kann nichts davon abhalten. Sage mir, was ich tun muss.' Die Königstochter antwortete: 'Wenn Du den Berg, auf dem das Schloss steht, hinabgehst, so wird unten an einer Quelle ein wilder Auerochse stehen. Mit dem musst Du kämpfen. Wenn es Dir glückt, ihn zu töten, so wird sich aus ihm ein feuriger Vogel erheben. Der trägt in seinem Leib ein glühendes Ei. Und im Ei steckt als Dotter die Kristallkugel. Er lässt aber das Ei nicht fallen, wenn er dazu nicht gedrängt wird. Und wenn das Ei auf die Erde fällt, so zündet es alles an in seiner Nähe. Und das Ei zerschmilzt und mit ihm die kristallene Kugel. Und dann ist all Deine Mühe vergeblich gewesen.'

Der Jüngling ging hinab zur Quelle, wo der Auerochse ihn anbrüllte. Nach langem Kampf stiess er ihm sein Schwert in den Leib und der Ochse sank nieder. Augenblicklich erhob sich aus ihm der Feuervogel und wollte fortfliegen. Aber der Adler, der Bruder des Jünglings, stürzte auf ihn herab und jagte ihn nach dem Meer hin. Er packte ihn mit seinem Schnabel, sodass er in der Bedrängnis das Ei fallen liess. Es fiel aber nicht ins Meer, sondern auf eine Fischerhütte, die am Ufer stand, und diese fing sofort an zu rauchen und wollte in Flammen aufgehen. Da erhoben sich im Meer grosse Wellen und strömten über die Hütte und löschten das Feuer. Der andere Bruder, der Wal, war nämlich herangeschwommen und hatte das Wasser so in die Höhe getrieben. Als der Brand gelöscht war, suchte der Jüngling nach dem Ei und fand es glücklicherweise. Es war noch nicht geschmolzen, aber die Schale war von der plötzlichen Abkühlung durch das kalte Wasser zerbröckelt, und er konnte die Kristallkugel unversehrt herausnehmen.

Als der Jüngling zum Zauberer ging und ihm die Kristallkugel vorhielt, sagte dieser: 'Meine Macht ist zerstört. Du bist von jetzt an der König vom Schloss der goldenen Sonne. Auch Deinen Brüdern kannst Du die menschliche Gestalt damit zurückgeben.' Da eilte der Jüngling zu der Königstochter, und als er in ihr Zimmer trat, stand sie da im vollen Glanz ihrer Schönheit und beide wechselten voll Freude ihre Ringe miteinander.» [1]

Dieses Märchen zeigt in grossen Zügen – auf die Einzelheiten gehe ich jetzt nicht ein – worum es in der Eucharistie geht. Es geht um einen Weg, einen Erlösungsweg. Dazu im folgenden einige Erklärungen, die ich mit den Urerfahrungen des Volkes Israel verbinden werde, welche die Juden bis heute im Pascha feiern.

Ausgangspunkt: Ruf um Erbarmen

Der Ausgangpunkt ist ein erbärmlicher Zustand. Die beiden Brüder sind durch Verwünschung in eine andere, in eine tierische Daseinsform gezwungen. Sie leben nicht ihr eigenes Leben. Ebenso ist der Jüngling auf der Flucht. Er hat Angst. Er wird umhergetrieben von anderen Mächten. Die Einheit der drei Brüder ist zerrissen und zerstört.

Solch zerrissene und zerstörte Einheiten erleben wir heute noch und noch zwischen Eltern und Kindern, unter Eheleuten, Freunden und Freundinnen, unter Schwestern und Brüdern, zwischen Fremden und Einheimischen. Gestörte und zerstörte Beziehungen sind der Schmerz in unseren Gemeinden, am Arbeitsplatz, in der Nachbarschaft, in Gruppen, Vereinen, in Parteien, Völkern und Rassen.

Im Märchen: Wenn wir die drei Brüder als innere Kräfte im Menschen ansehen, erkennen wir, dass auch die innere Einheit des Menschen gespalten ist. Er ist hin- und hergerissen, nach oben (vgl. erster Sohn Adler) und nach unten (vgl. zweiter Sohn Walfisch) und auf der Flucht (vgl. dritter Sohn). Durch Verwünschung und durch negative Kräfte ist die innere Harmonie zerstört. Wir merken dies, wenn wir in uns hineinschauen. Einiges zieht uns nach oben. Gerne träumen wir von idealen Zuständen. Auch möchten wir unsere guten Ideen und Taten hervorheben. Wir wollen, dass es alle sehen. Anderes hingegen lehnen wir ab. Wir bekämpfen und verdrängen es. So sind wir in uns selber gespalten und zerrissen und wissen nicht, wer wir in Wahrheit sind.

Auch die Königstochter ist verwünscht. Sie ist durch eine grössere Macht in einen erbärmlichen Zustand versetzt worden. Alle jedoch rufen und sehnen sich nach Erlösung, nach Sich-selber-sein-können und Sich-selber-sein-dürfen.

Beim Volk Israel: Diese Sehnsucht lebte auch in den Israeliten in Ägypten. Durch Josef kam die ganze Familie Israels (Jakobs) nach Ägypten. Anfänglich hatten sie eine gute Position. Doch nach und nach wurden diese Fremdlinge unterdrückt, versklavt und ausgebeutet. Hebräer wurden sie genannt. Sie hatten keine Rechte, keine Würde und keine Freiheit. Sie seufzten und stöhnten unter der Last der Unterdrückung und Ausbeutung.

Weil sie sich dennoch stark vermehrten, gab der Pharao aus Angst, das Volk könnte zu stark werden, den Befehl, alle neugeborenen Knaben zu töten. In dieser Not schrien die Israeliten nach ihrem Gott. Und Gott hörte ihr Schreien. Er wollte sie aus dieser Not befreien. Dazu brauchte er Mose. Zu diesem sagt Jahwe: *«Ich habe das Elend meines Volkes in Ägypten gesehen und ihre laute Klage über ihre Antreiber habe ich gehört. Ich kenne ihr Leid. Ich bin herabgestiegen, um sie der Hand der Ägypter zu entreißen und aus jenem Land hinauf zu führen in ein schönes weites Land, in ein Land, in dem Milch und Honig fließen» (Ex 3,7–8).*

Diesem Ruf, diesem Schrei nach Gott, entspricht der erste Teil der Eucharistiefeier. Es ist das *«Herr, erbarme dich»*. Das ist ein vertrauensvoller Ruf, weil einer da ist, der hilft.

Der Spiegel der Wahrheit: Wort Gottes

Im Märchen: Die Sehnsucht nach der Königstochter treibt den Jüngling weiter. Er will unbedingt zum Schloss der goldenen Sonne. Und was sieht er im Schloss? Er findet eine hässliche, abscheuliche Gestalt. Aber das ist nicht die ganze Wahrheit. Die Königstochter sagt: «Damit du weisst, wie ich wirklich aussehe, schau in den Spiegel. Dieser zeigt dir mein Bild, wie es in Wahrheit ist.» Und im Spiegel sieht er die schöne, herrliche Gestalt der Frau.

Was ist dieser Spiegel in unserem Leben? Wer zeigt uns, was wir im Tiefsten sind? Was zeigt die verborgene Würde, Schönheit und Herrlichkeit unseres Menschseins? Der Spiegel der Wahrheit, der sich nicht täuschen lässt, ist das «Wort Gottes».

Beim Volk Israel: Dieses Wort Gottes gab den Israeliten ihre Würde und ihren Wert. Sie kamen sich in Ägypten als der «letzte Dreck» vor, für Sklavenarbeiten gerade noch recht. Gerade diesen «letzten Dreck» erwählt Jahwe. *«Dich hat der Herr, dein Gott, ausgewählt, damit du unter allen Völkern, die auf der Erde leben, das Volk wirst, das ihm persönlich gehört» (Dtn 7,6b).*

Sie kommen sich vielleicht auch als der letzte Dreck vor, ausgenutzt von den Menschen, vielleicht selber gescheitert und in vielem versagt habend. Ihnen sagt Gott: Sie sind erwählt. Sie sind wertvoll. Sie sind schön. Sie haben eine unverlierbare Würde.

Das ist der zweite Teil der Eucharistie. Das Wort Gottes zeigt uns, wer wir sind. Es offenbart unsere Würde und den Sinn unseres Lebens.

Die Entschlossenheit des Jünglings: Gabenbereitung

Im Märchen: Nachdem der dritte Sohn die Schönheit, die Herrlichkeit und den Glanz der Königstochter gesehen hat, ist seine Entschiedenheit, sie zu erlösen, nur noch stärker geworden. Er setzt alles daran, diese Schönheit zu erwerben. Er scheut keine Mühen und Risiken. Er ist bereit, einen hohen Preis dafür zu zahlen.

Auf diesem Weg braucht er die Mithilfe seiner beiden Brüder. Das heisst, es braucht alle unsere Seelenkräfte. Es braucht unser ganzes Wollen, unseren ganzen Einsatz. Das ist unser Beitrag zur Erlösung. Es ist «unser Opfer», damit wir zu dem erlöst werden können, was wir im Innersten sind. Dieses Geben unseres Beitrags, das ist in der Eucharistiefeier «die Gabenbereitung».

Beim Volk Israel: Auch den Israeliten ist die Befreiung nicht in den Schoss gefallen. Es brauchte ihren Einsatz. Ihr Einsatz war zuerst vor allem der Glaube. Die Israeliten mussten der Zusage Jahwes glauben, dass er sie liebt, sie retten und in ein besseres Leben führen will. Aus diesem Glauben heraus liessen sie sich auf Mose, ihren Führer ein. Aufgrund des Glaubens machten sie sich auf den Weg zum Schilfmeer. Aufgrund des Glaubens gingen sie durchs Meer und dann jahrelang durch die Wüste.

Ihr Beitrag zur Befreiung war der Glaube und als Folge der Weg, das Durchhalten der Strapazen des Weges. Das war ihr unentbehrlicher Beitrag zu ihrer Befreiung. Ein Beitrag, um den sie beständig zu ringen hatten, wie die 40-jährige Wüstenwanderung zeigt.

Die Kraft der Kristallkugel: Hochgebet (Wandlung)

Im Märchen: Der Jüngling hat es nicht einfach, die Kristallkugel unversehrt zu finden. Aber als er sie hat, lernt er ihre unwiderstehliche Macht kennen. Sie bricht die Macht des Zauberers und die Macht der Zauberin. Durch die Kristallkugel werden seine beiden Brüder von der negativen Verzauberung und die Königstochter von der Verwünschung befreit. Er selber muss nicht mehr, angetrieben von Angst, fliehen. Sie alle können und dürfen ganz sich selber sein.

Beim Volk Israel: Die Israeliten haben das Eingreifen der befreienden Macht Jahwes mehrmals erfahren. Der erste Höhepunkt war in der Nacht vor dem Auszug, in der Jahwe das Pascha anordnete. Sie strichen das Blut des Paschalammes, das sie assen, an ihre Türpfosten. Dieses Blut bewahrte ihre Erstgeborenen vor dem Tod. Die Ägypter hingegen hatten viele Tote zu beklagen. Das brach ihren Starrsinn. Denn sie spürten, dass hier eine grössere Macht am Werk ist, der sie sich beugen müssen. So liessen sie die Israeliten endlich ziehen. Der Weg in die Freiheit, der Weg ins gelobte, ins gute und weite Land war nun offen.

So zogen die Hebräer voll Freude los. Sie kamen bis zum Schilfmeer, dem Ort der grossen Krise und der Entscheidung. Die Ägypter jagten ihnen nach. Sie wollten ihre billigen Sklaven nicht ohne weiteres ziehen lassen. So standen die Israeliten da: vorne das Wasser und hinten die Ägypter. Vorne und hinten waren sie umgeben vom Tod. Da sagte Jahwe zu Mose: Streck' den Stab aus und geh mit deinem Volk durch's Wasser. Ein starker Ostwind trieb das Wasser zurück. Auf diese Weise gelang den Israeliten die Durchquerung des Meeres. Die Ägypter jagten ihnen nach. Doch sie ertranken alle in den zurückflutenden Wassern des Schilfmeeres.

Die Ägypter sind hier als Symbolmacht der Verwünschung, der Unterdrückung und der Entwürdigung zu sehen. Diese negative Macht wird in den Fluten des Wassers vernichtet. Wie man dieses Zurückfluten des Wassers auch immer zu erklären versucht, für die Israeliten war klar: Jahwe hat uns machtvoll gerettet. So jubelten sie: «Endlich frei, endlich sind wir ein eigenes Volk mit eigener Würde, endlich dürfen wir uns selber sein!»

Die Macht der Kristallkugel können wir mit der Macht der Erlösung Jesu Christi vergleichen. Die Kraft der Erlösung ist stärker als alle negativen Kräfte, als alle Verwünschungen und Verzauberungen. Jesus Christus ist der Erlöser, der Heiler, der Wandler der ganzen Schöpfung. Der Teil in der Eucharistiefeier, in dem seine erlösende, heilende Kraft in besonderer Weise gegenwärtig wird, nennen wir Hochgebet.

Die Ringe der Vermählung: Kommunion

Die Folgen der Wandlung sind vielfältig.

Im Märchen: Der Jüngling wird König vom Schloss der goldenen Sonne. Er wird ein königlicher Mensch, ein Mensch in seiner ganzen Würde, Schönheit und Kraft. Er wird das, was er im Tiefsten ist.

Eine weitere Folge ist die Einheit der drei Brüder. Das zeigt: die Menschen finden als Geschwister zusammen. Beziehungen heilen. Ein neues Mit- und Füreinander entsteht. Deuten wir die drei Brüder innerpsychisch, so bezeichnet dies die Einheit aller menschlichen Seelenkräfte. Dadurch entsteht eine tiefinnere Harmonie mit sich selber, ein tiefes Glück.

Weiter heisst es: «Die Königstochter stand da im vollen Glanz ihrer Schönheit, und beide wechselten voll Freude ihre Ringe miteinander.» Die Königstochter ist die Erfüllung der Sehnsucht nach einem liebenden Du, nach Geborgenheit und Glück. Der Mensch findet dieses Glück. Dieses Glück ist etwas Beständiges. Das zeigen die beiden Ringe an. Denn der Ring ist einerseits Zeichen von Dauer und anderseits Zeichen von Vollkommenheit.

Beim Volk Israel: Das Volk Israel machte auch eine solche «Ring»-Erfahrung am Sinai. Jahwe fragte sein Volk: Jetzt, wo ihr erfahren habt, wer ich bin und wie ich handle, wollt ihr jetzt den Weg weiter mit mir gehen, verbindlich in einem Bund? Und so kommt es zum Bundesschluss, der im Buch Exodus (vgl. 24,3-8) überliefert ist. Jahwe und das Volk binden sich im Zeichen des Blutes aneinander und auch die Volksgenossen untereinander. Ein neues Mit- und Füreinander entsteht. Hier finden die Israeliten ihre Identität. Sie werden ein Volk, ja noch mehr: sie werden Gottes Volk.

Die Erfahrung dieses Hineingenommenwerdens in ein neues Mit- und Füreinander, in eine grössere Geborgenheit, in eine tiefere Einheit mit uns, mit Gott und den Menschen feiern wir in der «Kommunion».

Neues Leben: Leben aus Dankbarkeit

Im Märchen: Das Märchen hört hier, am Höhepunkt des Glücks, auf. Doch damit hören diese zwei nicht auf zu leben – im Gegenteil: ihr wirkliches Leben beginnt erst.

Beim Volk Israel: Biblisch gesprochen beginnt damit das Leben im gelobten Land, im befreiten, erlösten Dasein. Erlöstes Leben ist ein Leben in Dankbarkeit und aus Dankbarkeit. Die Dankbarkeit war den Israeliten wichtig, als sie ins gelobte Land kamen. Gelobt bedeutet, von Gott versprochen und von Gott geschenkt. Jahwe hat es ihnen gegeben. Zum Zeichen, dass Jahwe ihnen dieses Land gab, weihten sie ihm alle Erstlinge bei Menschen, Tieren und Früchten. So entstanden mehrere Erntedankfeste.

Die Paschafeier, die Feier des Auszugs und der Befreiung, wurde mit dem Fest der Ungesäuerten Brote, dem Frühlingserntedankfest, verknüpft.

Die Israeliten feierten Jahr für Jahr dieses Pascha, in dem ihr wirkliches Leben begonnen hat. Denn Israel verdankt der Herausführung aus Ägypten, dem Bund mit Jahwe und der Gabe des gelobten Landes seine Existenz als Volk Gottes, seine wahre Identität. Auch Jesus hat Jahr für Jahr das Pascha gefeiert. Beim sogenannten letzten Abendmahl gab er dieser Feier eine tiefere Dimension und ein neues Gesicht. (Dies wird im Begleitheft S. 17f ausführlich erläutert.) Sie wurde zur Feier der Erlösung, zur Feier des Lebens, zur Feier des neuen Volkes Gottes, zur Eucharistie.

Danksagung für die Erlösung

Eucharistie heisst Danksagung. Wir danken für die Erlösung. Dieser Dank für die Erlösung hat drei Aspekte:

Der Beginn der Erlösung

Wir danken zuerst für das, was bereits geschehen ist, für den Beginn der universellen Erlösung in und durch Jesus Christus. Die Urkirche hat zum Zeichen, dass sie den umfassenden Neubeginn feiert, dafür als bevorzugten Termin den ersten Tag der Woche gewählt. Sie feierte die Eucharistie nicht am Donnerstagabend, an dem Jesus das letzte Abendmahl hielt. Sie feierte auch nicht am Freitag, an dem Jesus als neues Paschalamm starb. Sie feierte auch nicht am Sabbat, am 7. Tag der Woche. Die Christinnen und Christen der ersten Generation haben vielmehr den Tag der Auferstehung Jesu, den Tag des Neubeginns, den ersten Tag der Woche zum bevorzugten Tag der Eucharistiefeier gemacht. Der Märtyrerbischof Ignatius von Antiochien konnte daher schon zu Beginn des 2. Jh.'s schreiben, dass diejenigen, die bisher im alten Zustand lebten, zu einer neuen Erwartung gekommen sind und darum nicht mehr den Sabbat feiern, sondern den Tag des Herrn halten, «an dem unser Leben durch ihn und seinen Tod aufgegangen ist».

Befreiendes Wirken in der Gegenwart

Wir danken für das befreiende Wirken Jesu Christi in der Gegenwart. Israel verdankt dem Paschaereignis seine Identität als Volk Gottes. Auch wir werden mehr und mehr befreit zu uns selber und werden so das Volk Gottes. Wie ist das zu verstehen? Wir Menschen sind als Abbilder Gottes geschaffen, das heisst, wir sind berufen,

Gottes Schönheit, Gottes Glanz, Gottes Buntheit, Gottes Vielfalt, Gottes Weite, Gottes Liebe in unserem persönlichen Sein aufleuchten zu lassen. Ganz tief ist in jedem Menschen die Herrlichkeit Gottes da. Im innersten Sein ist jeder Mensch einzigartig, strahlend schön und wunderbar. Wenn wir unsere eigene Schönheit einmal sehen würden, hätten wir nie mehr Minderwertigkeitsgefühle. Wir würden staunen und staunen. Wir wären überglücklich und würden mit niemandem mehr tauschen wollen! So wie die Königstochter in ihrer verfremdeten Gestalt hässlich aussah, doch im Spiegel die schönste und herrlichste Frau war, so ist jede und jeder von uns schön, herrlich und einmalig.

Doch was wir jetzt voneinander sehen, ist alles andere als das. Wir sehen nicht das Wunderbare, das wir sind, weil das Geheimnis des Bösen wie ein Schatten über uns liegt. Dunkles ist in uns und der ganzen Schöpfung. Wir sind, so wie wir uns jetzt erleben, verdorbene, verschmutzte und «besudelte» Bilder Gottes. Weil wir an uns und den anderen diesen Dreck sehen, mögen wir oft uns selber und auch die anderen nicht. Der abscheuliche Schmutz stösst uns ab.

Dieser Schmutz ist, modern gesprochen, die Entfremdung des Menschen und der Schöpfung. Die Bibel nennt diesen Schmutz der Entfremdung, diesen dunklen Schatten, Sünde!

Erlösung heisst: Von der Entfremdung, vom Schatten, vom Schmutz der Sünde befreit zu werden. Dann werden wir den Glanz Gottes in uns, in jedem Menschen und im ganzen Kosmos sehen. Wir finden unsere Identität und sind glücklich, ja überglücklich, das sein zu dürfen, was wir sind. Dann kann die Liebe Gottes ungehindert in uns hineinfliessen und unser Sein ganz durchströmen. Sie fliesst dann weiter zu allen Menschen. Wir freuen uns aneinander und an jedem Menschen. Die Liebe fliesst dann weiter zur Schöpfung und zu Gott hin. Dieser Fluss der Liebe Gottes durch uns hindurch, verbindet uns. Die Liebe ist das Band, der neue und ewige Bund. Sie macht uns zu einer neuen Gemeinschaft, zum erlösten Volk Gottes.

Vollendung in der Zukunft

Wir danken für das, was Gott noch tun wird. Er wird die Erlösung vollenden. So richten wir unsere Augen nicht nur auf die Vergangenheit und Gegenwart, sondern auch auf die Zukunft. Denn die

Erlösung Jesu Christi umfasst den ganzen Kosmos. Paulus spricht davon im im 1. Kolosserbrief: Gott will durch Jesus Christus alles versöhnen, alles eins machen, alles miteinander verbinden. *«Alles im Himmel und auf Erden wollte er zu Christus führen, der Frieden gestiftet hat am Kreuz durch sein Blut» (Kol 1,20bc).* Die erlösende Kraft seines Lebens, seines Kreuzes, seiner Auferstehung will und kann alles verbinden, damit überall die Liebe Gottes fliessen kann und Gottes Herrlichkeit aufleuchtet. Das ist noch Zukunftsmusik, doch der Glaubende kann sie bereits jetzt hören. Dieses Hören gibt uns Hoffnung und Kraft. So wie der jüngere Bruder im Märchen dadurch, dass er die Schönheit der Königstochter gesehen hat, motiviert wurde, Schwierigkeiten und Strapazen auf sich zu nehmen, so will uns der Blick in die Zukunft sagen: Dieser Weg lohnt sich, weil wir auf ungeahnte Dimensionen von Leben, Glück und Herrlichkeit zugehen. Das ist wahrhaft ein Grund zum Feiern.

Dankbarkeit lernen

Eucharistie heisst «danke sagen». Wer für alles danken kann, ist ein gewandelter Mensch. Doch solche Dankbarkeit fällt uns nicht einfach zu. Dankbarkeit braucht ein neues Sehen und die Entscheidung zur Dankbarkeit. Wenn ein Glas halbvoll ist, kann ich mich ärgern, dass es nur zur Hälfte gefüllt ist oder mich freuen, dass es sogar zur Hälfte gefüllt ist. Die Entscheidung liegt bei uns. Wir wählen Ärger oder Freude. Das gilt auch in Blick auf unser Leben, das immer positive und tragische Aspekte hat. Wir können die vielen kleinen Geschenke und Überraschungen jeden Tag sehen: einen freundlichen Gruss, einen kleinen Erfolg, einen wärmenden Sonnenstrahl, ein gelungenes Gespräch, ein feines Essen, ... Wir können all das sehen und dankbar geniessen.

Wir können aber auch nur das Negative und Unvollkommene sehen und als Folge davon dauernd mürrisch und unzufrieden sein. Wir können aber auch sehen, dass aus allem Positives wachsen kann. Darum spricht die Kirche von einer glücklichen Schuld. Wer das Positive sieht, das durch die Gnade aus dem Negativen wachsen kann, wird leichter danken können.

Als Mose Kundschafter ins gelobte Land schickte, brachten sie riesige Früchte mit. Sie zeigten sie allen und sagten: *«Es ist wirklich ein Land, in dem Milch und Honig fließen; das hier sind seine Früch-*

te» (Num 13,27b). Die Früchte waren die Vor-Gaben, der erste Anteil des gelobten Landes. Alles Gute, das wir erleben, mag es noch so klein sein, sind solche Vor-Gaben, ein erster Anteil der kommenden Herrlichkeit. Geniessen wir diese Früchte und danken wir.

Der Ort der Eucharistie in der Urkirche

Eucharistie ist die Feier der Erlösung. Erlösung ist jedoch kein Zwang, sondern ein Angebot. So wie in einem Kaufhaus die vielen Dinge da sind, ist die Erlösung bereits da. Wir müssen sie nicht selber machen. Wir brauchen uns ihr nur noch zu öffnen und sie anzunehmen. Anders als im Kaufhaus ist die Liebe Gottes gratis und nur gratis zu haben. Wir dürfen die Hände aufmachen, empfangen und annehmen.

Das Volk Israel nahm die Liebe Gottes bewusst im Bundesschluss am Sinai an. Dort band es sein Leben an Jahwe, an seinen Gott. Uns ist der neue und ewige Bund im Blut Jesu – Blut meint Leben, also im Leben Jesu – angeboten. Wir können und dürfen uns an das Leben Jesu, an seine Erlösung binden und sie in unser Leben hereinwirken lassen. Diese Bindung an Gott feiern wir in der Taufe. Nur lässt dies unsere heute noch gebräuchliche Praxis der Kindertaufe nicht mehr erkennen. Denn zu einem Bund, das wissen alle, die geheiratet haben, braucht es zwei Partner, die sich bewusst und frei füreinander entscheiden.

Dadurch ändert sich vieles. Ein solcher Bund gibt Boden. Durch den Bund ist die Gewissheit da: wir gehören zusammen. Solange dieser Boden noch nicht gegeben ist, gefährdet jeder Konflikt eine Beziehung. Die Angst, den Partner zu verlieren, wenn ich mich ihm ehrlich zumute, ist ohne Bund latent gegenwärtig. Darum ist der Bund der einzig tragfähige Boden guter Beziehungen. Das gilt auch für den Glauben.

Christinnen und Christen der Urkirche gingen – bildlich gesprochen – durch zwei Tore, bis sie an der Eucharistie teilnehmen konnten. Die folgende Skizze lässt dies erkennen. Sympathie allein macht noch keine Beziehung aus. Dazu braucht es eine Entscheidung, ein Ja, das unabhängig von momentanen Stimmungen gilt. Das erste Ja zum Christsein, welches durch das erste Tor führte, war der Beginn des Katechumenates. Das zweite Tor war der Bundesschluss in der

Taufe. Es war die bewusste Entscheidung für Jesus Christus und die klare Bindung an die Gemeinschaft der Christen. Das bewirkte ein neues Mit- und Füreinander.

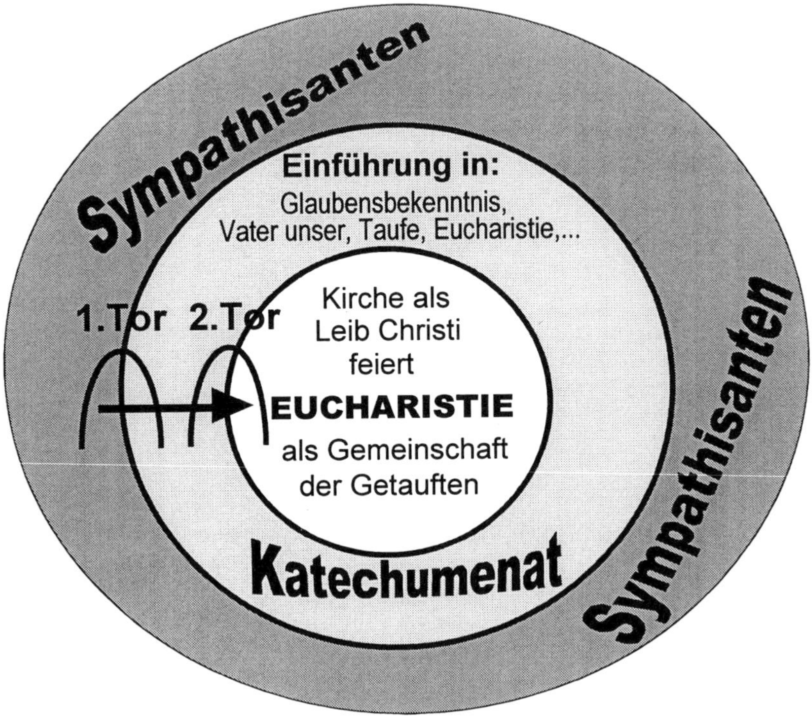

1. Tor: Beginn des Katechumenats
➔ Der Weg des Katechumenats
2. Tor: Taufe als Aufnahme in die Kirche [2]

Dieses neue Miteinander hatte zwei Aspekte. Durch die Aufnahme in die christliche Gemeinde gehörten sie von jetzt an zu dieser Gemeinschaft, die als soziales Gefüge füreinander sorgte. Das bedeutete Sicherheit und Solidarität. Der zweite Aspekt bestand in der Bindung an Jesus Christus und in ihm an die Liebe Gottes. Nun konnte niemand und nichts mehr die Getauften von der Liebe Gottes trennen. Auch der Tod kann das Miteinander nicht mehr zerstören. Das hiess: Komme, was kommen mag. Ihr Leben hat Zukunft, weil sie sich an den auferstandenen Herrn Jesu Christus gebunden hatten.

Dieses neue Fundament der Taufe lässt vieles in einem neuen Licht sehen. Eine neue Perspektive eröffnet sich. Es ist nicht mehr die bange Frage: Gibt es Zukunft? Gibt es Erlösung? Denn wir haben bereits die Erlösung. Im Taufbund haben wir uns an seine Kraft gebunden, und so ist uns – vielleicht durch viel Leid, Versagen und Enttäuschungen hindurch – die strahlende Zukunft gewiss!

Die Eucharistie ist diese Feier dieses Taufbundes. Feiern verbindet, feiern vertieft die Beziehung. Wenn Verheiratete ihren Hochzeitstag feiern, erweckt dies neu die Freude am Miteinander. Sie erfahren sich tiefer als Geschenk. Das war auch hier so. Die Feier der Eucharistie stärkt die Verbundenheit mit dem Auferstandenen und untereinander. Die Christinnen und Christen der Urkirche erlebten hier ein tiefes Glück.

Wie sehr die frühe Kirche in diesem Bewusstssein der Feier des Taufbundes lebte, zeigte sich darin, dass damals niemand vor der Taufe an der Eucharistie teilnehmen durfte. Strikte hielten sie diese Regel ein. Das war ihre sogenannte Arkandisziplin. Aber vorher bereitet man sich vor. So gab es vom ersten zum zweiten Tor, in der Zeit der Glaubenseinführung – Katechumenat genannt – auch eine Hinführung in Verständnis und Erleben der Eucharistie. Als solches kann auch dieses Seminar verstanden werden.

Der Ritus als Weg der Wandlung

Ritus ist das Vorgehen nach einer festgelegten Ordnung. Ritus heisst vom Ursprung her Verwandlungsweg. Der Ritus kann jedoch nur dann Verwandlung bewirken, wenn ich mein Leben im äusseren Zeichen des Ritus zur Sprache bringe, wenn im Ritus meine persönlichen Lebenshaltungen und -erfahrungen einen Ausdruck finden. Es genügt also nicht, den Ritus nur zu feiern. Vielmehr geht es darum, die Haltungen, die wir im Ritus feiern, im Alltag einzuüben und zu leben. Darum will die Grundhaltung der Eucharistie, die Dankbarkeit, während das ganzen Weges eingeübt werden.

Vorerst wollen wir uns einen Überblick über den ganzen Ritus verschaffen.

Struktur der Eucharistiefeier

Aus der Liturgiereform des 2. Vat. Konzils hat sich folgende Struktur entwickelt:

Gesamtstruktur und Sinn	*Einzelteile*
1. Eröffnungsriten **Sinn:** Jesus Christus will in der versammelten Gemeinde (allgemein und besonders in ihren Beziehungen untereinander) gegenwärtig werden	Einzug Begrüssung (Kreuzzeichen, liturgischer Gruss und kurze Einführung) Schuldbekenntnis mit Bitte um Vergebung Kyrie-Rufe Gloria (Ehre sei Gott) Tagesgebet
2. Wortgottesdienst **Sinn:** Jesus Christus spricht zur Gemeinde. Die Gemeinde gibt Antwort	1. Lesung und Antwortpsalm (oder Lied) 2. Lesung und Ruf vor dem Evangelium Evangelium Homilie (Predigt) Credo (Glaubensbekenntnis) Fürbitten
3. Eucharistie (im engeren Sinn)	
A) **Gabenbereitung** **Sinn:** Die Gemeinde gibt ihr Leben in Brot und Wein in die Hände Jesu (Selbstopfer)	Begleitgebete zur Gabenbereitung Händewaschung Gabengebet

Gesamtstruktur und Sinn	*Einzelteile*
B) **Hochgebet** (das grosse Wandlungsgebet) **Sinn:** Dank für das Heilswirken Gottes; Verwandlung der Gaben; Vergegenwärtigung der Lebenshingabe Jesu; die Verbindung der Gemeinde mit der Hingabe Jesu	Präfation (grosses Dankgebet) Sanctus (Heilig) Wandlungsepiklese (Bitte um Heiligen Geist) Einsetzungsbericht Akklamation (Bekenntnisruf) Anamnese (Gedächtnis) Darbringungsgebet Interzessionen (Bitten) Doxologie (Verherrlichung Gottes)
C) **Kommunion** **Sinn:** Einswerden mit der Liebe Jesu Christi zum Vater, zu uns, zu den Mitmenschen und zur Schöpfung	Vater-unser mit Embolismus (Einfügung) Friedensgebet Brotbrechen und Agnus Dei (Lamm Gottes) Kommunionempfang Danksagung Schlussgebet
4. Schlussriten: Sendung **Sinn:** Jesus Christus will durch die Gemeinde in die Welt hineinwirken	Segen Entlassungsruf Auszug

Meditation: Sich offen zuwenden

Dieses Bild der Künstlerin Maggy Masselter, einer luxemburgischen Ordensfrau, zeigt uns die Haltung, die uns einen guten Zugang zur Eucharistie eröffnet. Wir sehen ein warmes, ein buntes Bild. Im Zentrum steht ein Mensch. Er ist ganz durchlässig für die verschiedenen Farben des Bildes. Die vielen Farben weisen auf die Komplexität und Vielschichtigkeit des Lebens und unseres Seins hin. Oft haben wir verschiedene Stimmungen, Sehnsüchte und Wünsche gleichzeitig in uns. Helles und Dunkles, Hoffnungsvolles und Schmerzhaftes, Beglückendes und Tragisches ist in uns da. Das Bild zeigt: Alles darf sein. Alles darf so sein, wie es jetzt ist.

Der Mensch auf dem Bild steht aufrecht da. Beine und Hände sind weit geöffnet. Der Kopf ist nach oben gerichtet. Die verschiedenen Farben leuchten durch seinen Leib hindurch. Die ganze Haltung des Menschen ist Offenheit und Zuwendung. Nichts hält er fest. Nichts versteckt er. Alles ist offen. Er wartet. Er erwartet Heil und Wandlung von «oben», das heisst ganz von Gott. Er ist ein Gott-Zugewendeter!

Die Künstlerin gab dem Bild den Namen «Demut» («Humilité»). Demut hat nichts mit Unterwürfigkeit und Entwürdigung zu tun. Demut heisst vielmehr, den Wert und die Würde annehmen, die uns vom Schöpfer geschenkt wurde. So kauert der Mensch nicht vor Gott, sondern stellt sich in der von Gott geschaffenen Grösse vor ihn hin. Demut meint Wahrheit und Echtheit. Demut heisst, nichts verstecken, nichts vertuschen und nichts vortäuschen. Im Licht Gottes darf alles sein.

Demut heisst weiter, Gott als Gott annehmen, aufschauen zu ihm und nach seinen Gaben und Geschenken Ausschau zu halten. Demut heisst, Erlösung empfangen, Wandlung zulassen, mehr und mehr durchscheinend werden für Gott. Demut heisst, nicht sich selber präsentieren, sondern Gottes Bild, Gottes Buntheit, Gottes Schönheit, Gottes Herrlichkeit annehmen und in sich aufleuchten lassen.

«Gott tritt den Stolzen entgegen, den Demütigen aber schenkt er seine Gnade» (1 Petr 5,5c). Wer in dieser Haltung der Offenheit Heil und Erlösung von Gott erwartet, dem schenkt Gott seine Gnade, unter anderem Wandlung und Befreiung in der Eucharistie.

(Nach einer Zeit der Betrachtung können Sie aufstehen und versuchen, mit Ihrem Leib diese Haltung der Offenheit und Zuwendung auszudrücken.)

Konkret

Liebe Leserin, lieber Leser

Hier entscheidet es sich, ob Sie diese Schrift als Information lesen oder ob Sie sich auf den Weg des Seminars machen möchten. Wenn das zweite der Fall ist, lade ich Sie ein, vor dem Weiterlesen sich mit der 1. Woche im Begleitheft auf den Weg zu machen.

2. *Eröffnung und Kyrie*

Das Ziel der Eucharistie ist Wandlung, Befreiung und Erlösung. Das bedeutet: durch unsere Mitfeier der Eucharistie soll etwas in uns besser, heiler, gelöster und entspannter werden, und damit wird etwas besser in all unseren Beziehungen, ja in der ganzen Schöpfung.

Eine erste Etappe des Wandlungsweges zeigt sich in der Eröffnung und im Kyrie. Im Kyrieruf der Liturgie wenden wir uns unserem Herrn zu. Denn «Kyrios» heisst auf griechisch Herr. Wir begrüssen ihn als unseren Erlöser in unserer Mitte und bitten ihn um sein Erbarmen.

An der Emmausgeschichte können wir sehen, wie der Wandlungsweg der Eucharistie, die mit Eröffnung und Kyrie beginnt, Schritt für Schritt vor sich geht.

Emmausgeschichte

«Am gleichen Tag waren zwei von den Jüngern auf dem Weg in ein Dorf namens Emmaus, das sechzig Stadien von Jerusalem entfernt ist. Sie sprachen miteinander über all das, was sich ereignet hatte. Während sie redeten und ihre Gedanken austauschten, kam Jesus hinzu und ging mit ihnen. Doch sie waren wie mit Blindheit geschlagen, so daß sie ihn nicht erkannten. Er fragte sie: Was sind das für Dinge, über die ihr auf eurem Weg miteinander redet? Da blieben sie traurig stehen, und der eine von ihnen – er hieß Kleopas – antwortete ihm: Bist du so fremd in Jerusalem, daß du als einziger nicht weißt, was in diesen Tagen dort geschehen ist? Er fragte sie: Was denn? Sie antworteten ihm: Das mit Jesus aus Nazaret. Er war ein Prophet, mächtig in Wort und Tat vor Gott und dem ganzen Volk. Doch unsere Hohenpriester und Führer haben ihn zum Tod verurteilen und ans Kreuz schlagen lassen. Wir aber hatten gehofft, daß er der sei, der Israel erlösen werde. Und dazu ist heute schon der dritte Tag, seitdem das alles geschehen ist»

(Lk 24,13-21).

Versuchen wir, uns in die Situation dieser Jünger hineinzufühlen. Sie haben Jesus von Nazaret kennengelernt. Dieses Kennenlernen war mit einer grossen Freude und Hoffnung verbunden. Ja, sie waren begeistert von diesem Jesus, begeistert von seiner Art zu reden und zu handeln, begeistert von seiner Vision, dem Reich Gottes, begeistert von der Hoffnung und Freude, die er vermittelte. So liessen sie alles los, um ihm nachzufolgen: «Endlich haben wir das gefunden, nach dem wir uns so lange gesehnt haben. Endlich wissen wir, wofür es sich zu leben lohnt.»

So waren sie überglücklich. Sie freuten sich, mit Jesus unterwegs sein zu dürfen. Es erfüllte sie mit Stolz und Freude, dass Jesus gerade sie in die Nachfolge gerufen hatte. Und nun geschah die Katastrophe ihres Lebens. Die Führenden ihres eigenen Volkes liessen Jesus töten, und dazu noch am Kreuz, dem Ort der Schande und Verwerfung. Nur zu gut wussten sie: ein Gekreuzigter gilt als von Gott verflucht und verworfen. So hatten sie nun alles verloren: ihre Hoffnung, ihren Lebensinhalt und ihre Zukunft. Bis ins Innerste waren sie zerstört, ratlos und verwirrt. Sie wussten nicht mehr weiter und wofür es sich jetzt noch zu leben lohnen könnte.

Zugleich spürten sie ihr eigenes Versagen. Denn als Jesus gefangen genommen wurde, hatten sie ihn verlassen. Sie liessen ihn, ihren Freund, in seinem Leiden allein. Feige machten sie sich davon. Ihre eigene Haut war ihnen wichtiger als ihr Bekenntnis zu Jesus, ihrem Freund. Unerbittlich meldete sich nun ihre eigene Schuld im Herzen.

In dieser Gefühlslage hielten sie die Gemeinschaft mit den anderen Jüngern in Jerusalem nicht mehr aus. Ihre Niedergeschlagenheit, ihre Enttäuschung über sich und über all das, was geschehen war, sagte ihnen nur eines: Weg davon! Weg von diesem Jerusalem! Weg von all diesen schmerzlichen Erinnerungen und vergessen, vergessen und nochmals vergessen! So gingen sie, den Kopf gesenkt, versunken in Leid und Resignation. Sie hatten nicht nur ihn, ihre Hoffnung, sondern mit ihm auch sich selbst verloren. Sie waren zu zwei verlorenen Menschen geworden.

In vielem gleichen auch wir diesen zwei Jüngern. Auch wir erfahren immer wieder schmerzliche Enttäuschungen. Wir werden vom Leben, von Menschen, von Gott und sehr oft auch von uns selber enttäuscht. Wir nehmen uns manchmal vor, gut zu sein. Wir nehmen uns manchmal vor, stark in der Liebe und im Verzeihen zu sein. Wir nehmen uns manchmal vor, mutig die Wahrheit zu sagen und zu unseren Freundinnen und Freunden zu stehen. Wir träumen davon, Gott in allen Lebenslagen zu vertrauen und treu zu sein. Und dann, dann erleben wir uns oft anders. Wir werden enttäuscht von uns selber. Wir werden enttäuscht von anderen, vom Leben, von der Kirche, ja von Gott selber. Diese Enttäuschungen sind wie Mauern, die uns einsperren. Leicht sehen wir dann nur noch diese Mauern und sonst nichts mehr. Sie nehmen die Freude, die Begeisterung, die Zukunftsperspektiven. So können auch wir oft sagen: «Wir aber hatten gehofft.»

Und was tut da Jesus? Er sucht sie. Er geht von sich aus zu ihnen und mit ihnen. Er hört ihnen zu. Er geht mit und trägt innerlich ihre Enttäuschungen, ihre Wunden und ihr Versagen mit. Lange Zeit merken die Jünger gar nicht, dass da ein Fremder bei ihnen ist. Sie merken nicht, dass einer ihre Not mitträgt, mit ihnen fühlt und ihren Schmerz teilt. Zu sehr sind sie eingesperrt in sich selber, gefangen in ihrer Resignation und Enttäuschung. Das macht sie blind.

Schliesslich fragt sie dieser Fremde: «Was sind denn das für Dinge, über die ihr miteinander redet?» Jesus hilft ihnen, ihre Enttäuschungen, ihr Nichtverstehen, ihr Versagen, ihre Schuld, ihre Resignation auszusprechen. Aussprechen erleichtert, dies umso mehr, wenn es einem «Aussenstehenden» gesagt wird. So erzählen sie Jesus, diesem Fremden, was sie bedrückt und quält.

Wenn wir uns zur Eucharistie versammeln, sind wir wie diese beiden Jünger vom Leben geprägt. Zweifel, Angst, Schuld, Verwundung bringen wir vielleicht mit. Aber auch Wut, Zorn, Giftiges, unerfüllte Sehnsüchte und vieles andere kann in uns da sein. So kommt jede und jeder mit der je eigenen Lebensgeschichte zur Eucharistie.

Meditation: Alle sind willkommen

Wir kommen mit unserer eigenen Geschichte zur Eucharistie. Dazu ein Bild von Sieger Köder, das er in San Pastore, 30 km südlich von Rom in einem Studienhaus von Studenten im Speisesaal an die Wand malte. Bei jeder Mahlzeit vermittelte dieses Bild den Studenten und Gästen eine Botschaft. Welche Botschaft?

Schauen wir genauer hin: Wer sitzt denn da? Ein Schwarzer, am Arm verwundet, vielleicht einer der Armen, der um's nackte Überleben kämpft, einer, der die Folgen der ungerechten Wirtschaftsver hältnisse erleidet, ein Opfer.

Neben ihm sitzt eine vornehme und, wie es scheint, gebildete Frau. Sie weiss um ihre gesellschaftliche Position, und sie ist stolz darauf.

Dann sehen wir einen Intellektuellen, vielleicht einer, der vieles in Frage stellt und deswegen schnell als Oppositioneller abgestempelt wird. Wird er verstanden?

Der Clown, ein Mensch zwischen Lachen und Weinen, der mit einer Maske versucht, mit der Tragik seines Lebens fertig zu werden. Ihm zur Seite sitzt eine alte und gebückte Frau. Sie ist vom Leben so sehr gezeichnet, dass sie als Einzige den Gastgeber nicht sehen kann. So ist sie mit lauschendem Herzen da.

Neben ihr sehen wir eine Frau aus dem zweifelhaften Gewerbe, die gebraucht und zugleich abgestempelt wird. Doch wer fragt nach der Sehnsucht und den Leiden ihres Herzens?

Dann ist da, bewusst den Gebetsschal tragend, ein jüdischer Rabbi, ein Frommer, der Gott sucht. Oder wägt er prüfend ab, ob sich der Gastgeber an die religiösen Regeln hält?

Sieben Menschen, gezeichnet von ihrer Geschichte, mit ihren je eigenen Ängsten, Leiden und Sünden. Ich versuche, mich in sie hineinzufühlen: Wo entdecke ich etwas von mir?

Im Hintergrund, an der Wand das Bild des Vaters, der seinen gestrauchelten, verlorenen Sohn umarmt. Ein Bild der Versöhnung. Eucharistie will verbinden, Beziehungen heilen lassen, ein neues Miteinander von verschiedenen Menschen ermöglichen. Wie? Durch den, der den achten Platz einnimmt, den Gastgeber. Von ihm sehen wir nur die Hände, die jeder und jedem gleichermassen Brot und Wein geben. Licht strahlt von ihm aus. Jede und jeder darf sein, ist angenommen, wie sie und er jetzt ist. Alle, ausser der alten Frau, die nicht mehr kann, wenden sich den Augen des Gastgebers zu. Sein Blick tut ihnen gut. Sie spüren sein Verständnis und seine Annahme. Sie fühlen, dass sie so sein dürfen, wie sie jetzt sind. Das tut wohl und lässt sie aufleben.

Möchte ich mit dieser Runde zusammensein? Möchte ich mich vom Gastgeber hineinnehmen lassen in das Mahl der gegenseitigen Annahme?

Ritushinweise

Normalerweise feiern wir Eucharistie in einem besonderen Raum, in einer «heiligen» Atmosphäre, im Haus Gottes. Haus Gottes zeigt: Gott gibt uns in seinem Haus, in seinem Herzen Raum. Wir haben bei ihm – so wie wir sind – Platz, eine Daseinsberechtigung. Wir dürfen genau so sein, wie wir jetzt sind, vielleicht verwundet, gehetzt, mutlos,verbittert und resigniert.

Willkommen sein

Im Gottesdienstraum gibt es vorne meist einen Priestersitz, der in der Mitte steht oder besonders gestaltet ist. Wenn der Priester sich auf diesen Stuhl setzt, dann repräsentiert er Jesus Christus. Das will sagen: Jesus ist der Gastgeber. Er hat uns eingeladen. Er heisst uns als Gäste willkommen. Er bedient uns. Das meint auch das Wort Gottesdienst: Gott dient uns. Gott will uns beleben und erfreuen.

Das Taufwasser beim Eingang der Kirche kann mich erinnern: Ich habe einen Namen. Ich bin hineingetaucht in die Liebe Gottes. Gott steht ganz zu mir. Er hat sich an mich gebunden. Er ist immer mit mir und für mich da.

Das wird verstärkt durch das erste Zeichen, das **Kreuzzeichen**. Es ist ursprünglich ein Eigentumszeichen. Wenn wir uns das Kreuzzeichen machen, bekennen wir den Taufbund: wir sind Töchter und Söhne Gottes. Wir sind Eigentum Gottes. Wir gehören Jesus Christus und sind mit ihm hineingenommen ins Leben und in die Liebe des dreifaltigen Gottes. Unser Leben hat eine viel grössere Dimension als das, was wir sehen und erleben. Wir sind bereits hineingenommen in die ewige Liebe Gottes. Mit dem Kreuzzeichen sagen wir auch, dass wir uns jetzt neu dieser Liebe öffnen wollen.

So versammeln wir uns im Namen, in der Gegenwart, in der Atmosphäre, im Sein des dreifaltigen Gottes, der bedingungslose Liebe ist. In Gott strömt Liebe und Leben zwischen den drei göttlichen Personen, ein Strom ohne Ende, ein Strom, der alles erfassen, alles durchdringen und alles wandeln möchte. Diesem Strom öffnen wir uns. Wir weisen mit dem Arm nach oben. Von oben kommt Bejahung und Bestätigung auf uns zu. Dieses Seindürfen will hineinströmen in unsere tiefinnersten Schichten, dann nach links und rechts zu allen Menschen, und so zur ganzen Schöpfung.

Die Gegenwart dieser bejahenden Liebe spricht uns am Anfang der Priester im **liturgischen Gruss** zu: *«Die Gnade Jesu Christi, die Liebe Gottes des Vaters und die Gemeinschaft des Heiligen Geistes sei mit euch allen» (vgl. 2 Kor 13,13).*

«Die Gnade unseres Herrn Jesus Christus ...» Gleich zu Beginn wird uns das ganze Wohlwollen, die unverdienbare, bedingungslose und schenkende Liebe Gottes zugesprochen. Diese Zuwendung Gottes, die nichts für sich will und uns nur gut tun möchte, diese Zuwendung heisst Gnade, griechisch «charis». Sie ist ein unverdienbares Geschenk und wird uns gratis gegeben. Gnade besagt: Ein Strom der Liebe fliesst auf uns zu. «Schön, dass du da bist. Schön, dass es dich gibt. Ich habe Freude an dir.»

Übrigens: Das Wort «charis» bildet den Kern der Eu-charis-tie. Es ist die Feier der unverdienbaren, bedingungslosen Gnade, Liebe Gottes, jedoch nicht um sie exklusiv und egozentrisch zu haben. Gnade ruft uns vielmehr zum Sein. Sie will in uns lebendig werden, uns bewegen, uns wandeln. Sie will in uns zur Gestalt Jesu Christi für unsere Schwestern und Brüder werden; zur Gestalt des bedingungslosen Wohlwollens Jesu Christi gegenüber jedem Menschen und jedem Geschöpf. So begegnet uns die Gnade Jesu Christi in besonderer Weise auch in der Gemeinschaft der Gläubigen. Jesus Christus ist auch gegenwärtig in der versammelten Gemeinschaft. So kommt sein Wohlwollen und seine Wärme ebenso durch die versammelten Schwestern und Brüder auf uns zu. Das ruft die Frage wach: Möchte ich dieses Wohlwollen Jesu Christi für meine Mitmenschen leben? Wie kann ich das zeigen? Sich zu jemandem hinzusetzen oder auf Distanz zu gehen, kann hier viel offenbaren.

«Die Liebe Gottes des Vaters ...» Die Vaterliebe Gottes gibt uns Boden, Halt und Geborgenheit. Sie stärkt uns den Rücken, indem sie uns Identität vermittelt. Wenn Gott Vater ist, dann wissen wir, wer wir sind. Wir sind Gottes Kinder, Gottes Töchter und Gottes Söhne. Diese Tatsache ist an keine Bedingung geknüpft: Wir bleiben seine Kinder, was immer auch kommt und wie auch immer wir uns verhalten werden.

«Und die Gemeinschaft des Heiligen Geistes.» Geist, hebräisch «ruach», hat mit Luft, Atem, Atmosphäre zu tun. Wir können sagen: Der Heilige Geist ist die heilende, die öffnende, die positive At-

mosphäre. Er zeigt sich in einer positiven Grundstimmung, die man spüren kann, wenn man in eine Gemeinschaft hineinkommt.

Jesus spricht also durch den Priester das Wohlwollen, Angenommen- und Willkommensein Gottes zu. Mit der Antwort «Und mit deinem Geiste» wünschen wir dieses Wohlwollen, diese Liebe, diese Gnade auch dem Priester.

Annahme ist das Fundament für Wandlung

Warum ist dieses Wohlwollen, dieses Angenommensein so wichtig? Viele Menschen neigen dazu, sich selbst oder Bereiche von sich zu verstecken. Dies kommt meist daher, dass sie oder Bereiche von ihnen nicht ganz bejaht wurden. Als Kinder brauchen wir Bejahung. Erst durch elterliche Bejahung wissen wir, dass wir, unser Körper, unsere Gefühle in Ordnung sind. Sie haben das Recht zu sein. Als Folge davon dürfen wir unsere Gefühle und Bedürfnisse zeigen. Alles an und in uns darf sein.

Alles jedoch, was an uns nicht bejaht und angenommen wurde, ist in die Atmosphäre der Scham geraten. Es sollte besser nicht sein. Schnell gilt es als böse oder schlecht. Also ist es das Beste, dies möglichst gut zu verstecken.

Nicht wenige Menschen haben die Tendenz, sich zurückzuziehen und zu verstecken. Sie machen sich kleiner und kleiner, verkriechen sich, und manchmal möchten sie am liebsten sogar von der Erdoberfläche verschwinden. Dadurch sprechen sie sich selber die Existenzberechtigung ab und können sich nicht entfalten. Es fehlt ihnen der Boden, das Seindürfen.

In der Liebe Gottes jedoch darf alles sein. Sie ist die Sonne, die über Guten und Bösen scheint. In dieser Liebe sind wir angenommen mit all unseren Gefühlen, mit unserer ganzen Geschichte, mit dem Bösen und Beschämenden und Gemeinen. Dieses Angenommensein ermöglicht uns, Beschämung und Angst zuzulassen und uns so zu zeigen, wie wir wirklich sind. Wir brauchen nun nichts mehr zu verstecken.

Nur was ich annehme, kann sich wandeln

Solches Aufdecken und Annehmen fällt nicht leicht. Denn vieles kann sich im Menschen dagegen sträuben. Warum? Weil es unbewusst ist und weil es weh tut. Die Realität schmerzt. Weil kein gesunder Mensch gerne leidet, ist solches Zulassen und Anschauen nicht das, was wir ohne weiteres suchen. Doch der Wirklichkeit ins Auge zu schauen ist die Voraussetzung für das Gewandeltwerden. Ja, man kann geradezu sagen: Nur woran wir leiden und leiden dürfen, kann und wird sich wandeln.

Wir können diesem Leiden durch Verdrängung und Beschuldigung ausweichen. Verdrängung kann manchmal notwendig sein, weil der Schmerz zu gross ist, um ihn ertragen zu können. Doch durch Verdrängung wird nichts geheilt – im Gegenteil: das Verdrängte wirkt störend in der Tiefe unseres Unbewussten weiter. Es sehnt sich danach, angeschaut und angenommen zu werden, damit es erlöst werden kann. Paulus hat dies im Epheserbrief (5,13) so formuliert: *«Alles, was aufgedeckt ist, wird vom Licht erleuchtet.»* Wo Licht hinkommt, wird es hell und dadurch auch Wandlung möglich.

Neben der Verdrängung versucht die Beschuldigung dem Schmerz auszuweichen. Da machen wir andere verantwortlich für unseren Schmerz. Wir können uns selber beschuldigen. Wir können Gott beschuldigen, weil er das, was so weh tut, zulässt. Wir können die Umstände beschuldigen. Doch meistens beschuldigen wir andere Menschen. Beschuldigen führt leicht zur Verhärtung und zur Verbitterung. Auch die beiden Emmausjünger waren in dieser Gefahr. Sie hätten alles in sich hineinfressen können und den Pharisäern, Schriftgelehrten, Sadduzäern, dem Hohen Rat, den Römern oder Gott die Schuld geben können. Sie waren nahe daran, verbittert zu werden. Nicht nur sie, wir alle sind ein Leben lang in Gefahr, zu verbittern.

Doch das ist nicht der Weg. Der Wandlungsweg fängt damit an, dass wir den Schmerz zulassen und annehmen. Es darf weh tun. Im Schmerz, insbesondere im Reueschmerz, liegt eine grosse Heilskraft. Wandlung kann sich einstellen, wenn wir aufhören zu beschuldigen und die Verantwortung für unser Denken, Fühlen und Handeln übernehmen.

Niemanden beschuldigen

Wer immer – ob zu Recht oder nicht – Beschuldigungen aufrecht erhält, baut eine Mauer zwischen sich und den Betroffenen. Diese Mauer trennt. Trennen, sich absondern, meint Sünde. Dadurch kann die Liebe Gottes nicht fliessen. Hier kommt uns der Ritus der Eucharistiefeier zu Hilfe. Er lädt uns ein, ruhig zu werden, in uns hineinzusehen, um solche Mauern und Beschuldigungen zu entdecken. Diese können sehr subtil und gut getarnt in uns da sein können. Es geht um Bewusstwerdung. Es geht ums Erkennen dessen, was in uns Wandlung verhindert. Da ist es ein Geschenk, in der **Bitte um Vergebung** sagen zu können: *«Ich bekenne ...»* Schuld will zuerst zugegeben und angenommen sein. Denn nur Schuldbewusstsein ermöglicht Veränderung. Erst wenn ich weiss, wo ich anders handeln kann, ist Verhaltensänderung und Wandlung möglich. Erst wo Schuld zugegeben und angenommen wurde, kann sie vergeben werden. Dann darf ich sie und alles, was mich leiden lässt, dem Erlöser, dem Kyrios, dem Retter Jesus Christus bringen.

Alles in die erbarmende Sonne halten

Das ist ein weiterer Schritt der Wandlung. Ich schaue weg von meinen Sünden, meinen Wunden, von meinem eigenen Elend, von meinen Enttäuschungen, von meinem Bitteren und bringe alles Jesus Christus. *«Durch seine Wunden seid ihr geheilt» (1 Petr 2,24c).* Es ist einer da, der alle Schuld der Menschheit bereits getragen hat. Es ist einer da, der in seinem Leiden auch all unsere Leiden getragen hat. Es ist einer da, der alles wandeln kann. Zu ihm schauen wir auf. Ihm legen wir alles hin. So ist der **Kyrie-Ruf** der Liturgie, der Ruf *«Herr erbarme dich»*, einerseits eine Bitte um sein Erbarmen und andererseits eine freudige Anerkennung, dass er der Erlöser und der Heiland ist, der alles heilen, erlösen und wandeln kann.

Seinen Ursprung hat der Kyrie-Ruf im römischen Kaiserkult. Wenn der Kaiser in all seiner Macht und Hofpracht kam, rief das Volk: «Kyrie eleison». Dies war ein demonstrativer Anerkennungsruf mit der Bitte um Hilfe und Erbarmen. Es war die Haltung, in der sich die Verehrer des Sonnengottes «Sol invictus» (unbesiegbare Sonne) auf den Dächern der aufgehenden Sonne zuwandten. Sie erhoben ihre Hände zur Sonne und riefen: «Kyrie eleison».

Die wahre Sonne jedoch, die über unserem Leben aufgeht, ist Jesus Christus. Er ist das Licht, das alles erhellt. Er ist die Liebe, die alles heilt. Er ist der Erlöser, der von allem Dunklen, Negativen und Bitteren befreit. Die heilbringende Haltung ist der Aufblick zum Auferstandenen, durch den Gott die ganze Fülle seines Erbarmens schenkt. Das Kyrie ist so nicht etwas, das klein macht, im Gegenteil: wir stehen aufrecht vor dem erhöhten Herrn und grüssen die Sonne unseres Lebens und der ganzen Schöpfung. Das Kyrie ist das Lob des Erbarmens Gottes, das in Jesus Christus auf uns zukommt und uns Hoffnung und Zukunft eröffnet.

Wir erfahren sein Erbarmen oft nicht dadurch, dass sich die Umstände ändern, sondern dass wir gelassener werden und das Unabänderliche in Frieden akzeptieren können. Wir erfahren sein Erbarmen, wenn Liebe und Wahrheit in Beziehungen wächst, wenn Menschen echter werden, wenn urteilloses Verstehen da ist. Oft ist dies jedoch ein langer Weg. Aber dann, wenn die Liebe wieder fliesst, oft gerade durch Wunden und Enttäuschungen hindurch, bricht ein tiefer Friede, ein neues Miteinander, ein solidarischeres Füreinander auf. Dann können wir einstimmen in das **Gloria**, das die Engel in Bethlehem den Hirten verkündet haben: *«Ehre sei Gott in der Höhe und Frieden auf Erden den Menschen seiner Gnade.»* Der Friede fliesst allen zu, die sich seiner Gnade öffnen. *«Wir loben dich, wir preisen dich, wir beten dich an, wir rühmen dich und danken dir. Denn gross ist deine Herrlichkeit.»*

Im Leib Gott begegnen

Die Eucharistie ist kein rein geistiges Geschehen. Vielmehr will der ganze Mensch miteinbezogen werden. Auch der Leib ist Ort der Begegnung mit Gott.

Wer in Italien den Einheimischen zuschaut, wie sie miteinander reden, kann schnell feststellen, dass die Hände fast so wichtig sind wie die Lippen. Mit vielen Gesten und Zeichen wird das Gesprochene lebhaft dargestellt. Das ist nicht nur in Italien so. Wir Menschen reden mit unserem Körper. Unsere Körperhaltung, der Gesichtsausdruck, die Art und Weise, wie wir uns im Gespräch geben, kann viel unseres inneren Seins und der Beziehung zum Gesprächspartner ausdrücken.

Die Sinne öffnen die Seele

Trauer, Schmerz, Fassungslosigkeit, Wut, Zorn, Desinteresse, Freude, Glück, Liebe und Wohlwollen – all dies zeigt sich normalerweise im Körper. Unser inneres Sein hat den Drang, sich auszudrücken. Wir sind eben keine reinen Geistwesen, sondern Menschen aus Fleisch und Blut. So redet unser Leib in Gesten, Mimik, Haltungen und Zeichen. Ob und wie ich auf die andere Person zugehe, ihr ein herzliches Begrüssungszeichen gebe oder sitzen bleibe und ihre Gegenwart einfach zur Kenntnis nehme, zeigt viel von meiner Beziehung zu ihr.

Nun drückt sich nicht nur das Innere im Körper aus. Auch das Umgekehrte gilt, ist eine Realität: äussere Einflüsse wirken auf das innere Erleben ein. Ein schön und liebevoll gedeckter Tisch mit Blumen, Kerzen und kunstvoll gefalteten Servietten bewirken eine festliche Atmosphäre. Es gibt Räume, die ansprechen und Heimat geben, von denen eine Atmosphäre der Sammlung ausströmt. Es gibt Orte, da «betet» es sich einfacher. Man wird durch den Ort in eine Atmosphäre des Gebetes hineingenommen.

Auch Kleider haben eine Wirkung: sie wollen zum Menschen und zur Situation passen. Das innere Empfinden soll der äusseren Kleidung entsprechen. Ob ich ein Konzert im Festtagskleid oder im Arbeitsgewand besuche ist nicht dasselbe. Gerne erinnere ich mich an meine Kindheit zurück. Für mich war es immer ein besonderes Gefühl, eine besondere Stimmung, wenn ich das Sonntagskleid anziehen durfte. Das bewirkte, dass es in mir «Sonntag» wurde.

Viel zur Atmosphäre tragen auch Musik und Gesang bei. Deutlich merken wir das an den Advents- und Weihnachtsliedern. Sie stimmen die Seele in diese besondere Zeit ein. In ihnen lebt eine Atmosphäre. Musik und Gesang sprechen die emotionalen Tiefen des Menschen an, meist viel mehr als Worte. Musik und Gesang können entspannend, verbindend und mitreissend wirken.

Sehen, hören, fühlen, riechen und schmecken, die Tätigkeiten unserer fünf äusseren Sinne haben auch in der Eucharistiefeier ihren Raum. Die liturgischen Farben, Glocken, Blumen, Bilder, Statuen, Kreuze, Kerzen, Wasser, Brot, Wein, Weihrauch, Asche, Feuer, Öle, Kräuter und vieles mehr, wollen für die Begegnung mit Gott öffnen.

Alltag und Sonntag, Busszeit und Festzeiten erhalten dadurch eine besondere Note. Das ermöglicht ein tieferes Erleben. Hochfeste bedingen Zeiten des Fastens, der Vorbereitung, damit sie ganz aufgenommen und genossen werden können. Wenn jeder Tag ein Fest wäre, käme bald der Überdruss. Dass heute jederzeit alles verfügbar ist (Nahrung, Kleidung, Vergnügungen ...), kann mit ein

Grund sein, warum wir nicht wahrhaft geniessen können. Erwartung und Verzicht geben dem Alltag eine innere Spannung und Ausrichtung.

Körperhaltungen

In unserem Körper drückt sich die Seele aus. Aber auch der Körper kann die Seele beeinflussen. Eine gesunde Körperhaltung fördert die Gesundheit der Seele und kann zu einem befreienden gottesdienstlichen Erleben beitragen. Ein gesundes aufrechtes Stehen wirkt anders auf die Seele und den Geist des Menschen als ein nachlässiges, gekrümmtes Stehen. Zum ganzheitlichen Erleben von Körper, Seele und Geist sind Wissen und Bewusstheit nötig. Der Sinn der Haltung will bewusst sein und in der entsprechenden Haltung «ausgelebt», verleiblicht werden. Darum einige Hinweise, was mit dem Gehen, Sitzen, Stehen, Knien sowie der Haltung der Hände ausgedrückt werden kann:

Stehen

Ursprünglich war das Stehen die bevorzugte Haltung im Gottesdienst. Bis zum Mittelalter gab es keine Sitzplätze für das Volk. Aufstehen und Stehen sind Zeichen der Ehrerbietung und Achtung. Im Gottesdienst wird dies – am Anfang, beim Evangelium, bei der Präfation – Jesus Christus entgegengebracht.

Stehen drückt die Bereitschaft zum Dienst und zur Sendung aus. Wer steht, kann sofort losgehen. Das Stehen am Ende des Gottesdienstes zeigt die Bereitschaft, sich von Jesus in die Welt senden zu lassen.

Im Stehen – einstehen für, zu etwas stehen – zeigt sich die innere Stellung, die man bezogen hat und das Engagement. Darum erheben wir uns beim Glaubensbekenntnis, bei den Fürbitten und den anderen Gebeten.

Das Stehen ist die Haltung des österlichen Menschen. Als Erlöste sind wir keine unwürdigen Mägde und Knechte, sondern Töchter und Söhne Gottes. Diese Würde und dieses Selbstbewusstsein zeigt sich in aufrechter Haltung und in aufrechtem Gehen.

Gehen

Aufrecht gehen zeigt, dass ich mich nicht verstecken muss. Ich bin eine Tochter, ein Sohn Gottes. Ich darf mich zeigen. Im Gehen darf ich mich bewusst in diese Würde hineingeben. Gehen symbolisiert unser Unterwegssein als Volk Gottes. Er ist mit uns. In der Prozession zeigt das Kreuz oder die Kerze, dass Jesus Christus uns vorangeht. Er geht voraus und wir folgen ihm nach.

Knien

Das Knien und die Kniebeuge waren ursprünglich keine liturgischen Haltungen, obwohl die tiefe Verneigung in vielen Kulten üblich war. Das Knien kam mit den Karolingern in die Eucharistiefeier, in einer Zeit, in der die Hofzeremonie mit der Liturgie eng verknüpft wurde. Wer kniet, macht sich kleiner und ist dem Boden näher. Knien ist Zeichen der Anbetung. Üblich ist es während der Wandlung, bei besonderen Momenten der Anbetung sowie als Kniebeuge zu Beginn und am Ende der Feier. Das Knien zeigt, dass ich nicht der Erlöser bin, sondern nur ein schwacher, bedürftiger Mensch, der Erde nahe und Gott die Ehre gebend. Das kann sehr befreiend sein.

Sitzen

Das Sitzen entlastet den Körper und fördert die Aufnahmebereitschaft. Es ist auch die Haltung der Stille, des inneren Verweilens und des Nachdenkens.

Sich zu jemandem hinsetzen zeigt den sozialen Aspekt. Es fördert das Gemeinschaftsgefühl. Wir sitzen miteinander vor Gott.

Hände

Hände und Arme sind wichtige Ausdrucksmittel unseres Körpers. Das Oeffnen der Hände und Ausbreiten der Arme weist auf Zuwendung und Umarmung hin. Verschränkte und engangelegte Hände können Ablehnung oder die Konzentration auf sich signalisieren.

Das Falten der beiden Handflächen zueinander und nach oben gerichtet, kommt aus der Ritterzeit. Die gefalteten Hände zeigten Hingabe und Treue dem Ritter gegenüber. Im Gottesdienst wird dies Jesus Christus entgegengebracht.

Die Hände zu Gott erheben – die beiden Handflächen geöffnet nach vorn und erhoben – war die meistgebrauchte Gebetshaltung der Bibel. So betete die Urkirche. In der «Orantenhaltung» (vom lat. orare = beten) des Priesters lebt diese Haltung bis heute weiter. Die leeren Hände zeigen, dass wir uns vor Gott nicht auf unsere Leistungen berufen können. Wir sind Bittende und Empfangende. Erfreulicherweise verbreitet sich diese Haltung wieder unter den Laien, vor allem beim Vater unser.

Die Handkommunion zeigt in den leeren Händen unsere Bedürftigkeit an. Zugleich zeigt sich die Demut Jesu Christi, der sich im Brot in unsere Hände begibt, und sich so ganz uns ausliefert.

«Du umschließt mich von allen Seiten und legst deine Hand auf mich» (Ps 139,5). Geborgenheit drückt dieser Vers aus. Ähnliches bringen wir zum Ausdruck, wenn wir einander die Hände auflegen. Solches Mitgehen Gottes will die Segensgeste der Handauflegung oder -ausbreitung, die meist vom Priester vollzogen wird, vermitteln.

Es kann hilfreich sein, die eine und andere Haltung bewusst einzuüben und zu erspüren, wie es mir dabei geht.

Konkret

Liebe Leserin, lieber Leser

Wie ist es Ihnen bis jetzt gegangen? Ich hoffe, dass Ihnen einiges neu bewusst wurde und Ihnen Hoffnung gebracht hat. Wenn Sie dieses Heft als Seminarweg gehen, lade ich Sie ein, nun ein bis zwei Wochen – es darf auch länger sein – mit dem Begleitheft zu verbringen. Vielleicht dient es Ihnen auch, bei dem, was Sie in diesem Kapitel angesprochen hat, nochmals zu verweilen. Erst dann kommt die nächste Etappe, das Wort Gottes.

3. Das Wort Gottes

Der Ritus der Eucharistie ist ein Wandlungsweg. Wenn wir zum Gottesdienst kommen, dürfen wir ganz uns selber sein. Wir dürfen alles zulassen und anschauen, was in uns steckt: Enttäuschungen, Versagen, Schuld, Wunden, Zweifel, Schwierigkeiten und Depressionen. Wir dürfen darunter leiden. Es darf weh tun. In all dem gilt es, niemanden dafür zu beschuldigen, weder mich, noch andere Menschen, noch Gott. Das löst uns aus der Fixierung auf die Vergangenheit. So werden wir frei, unseren Blick auf Jesus zu richten, der jetzt da ist. Er hat die Wunden der ganzen Schöpfung getragen. Er trägt alles mit uns und begegnet uns heilend. So bitten wir um sein Erbarmen. Ja, wir preisen sein Erbarmen, das alles heilen wird.

Heute gehen wir einen Schritt weiter. Das Wort Gottes will unseren Horizont weiten und uns helfen, uns und unser Leben in einem neuen Licht zu sehen. Wieder machen wir uns mit den beiden Emmaus-Jüngern auf den Weg.

Emmausgeschichte

«Er fragte sie: Was sind das für Dinge, über die ihr auf eurem Weg miteinander redet? Da blieben sie traurig stehen, und der eine von ihnen – er hieß Kleopas – antwortete ihm: Bist du so fremd in Jerusalem, daß du als einziger nicht weißt, was in diesen Tagen dort geschehen ist? Er fragte sie: Was denn? Sie antworteten ihm: Das mit Jesus aus Nazaret. Er war ein Prophet, mächtig in Wort und Tat vor Gott und dem ganzen Volk. Doch unsere Hohenpriester und Führer haben ihn zum Tod verurteilen und ans Kreuz schlagen lassen. Wir aber hatten gehofft, daß er der sei, der Israel erlösen werde. Und dazu ist heute schon der dritte Tag, seitdem das alles geschehen ist. Aber nicht nur das. Auch einige Frauen aus unserem Kreis haben uns in große Aufregung versetzt. Sie waren in der Frühe beim Grab, fanden aber seinen Leichnam nicht. Als sie zurückkamen, erzählten sie, es seien ihnen Engel erschienen und hätten gesagt, er lebe. Einige von uns gingen dann zum Grab und fanden alles so, wie die Frauen gesagt hatten; ihn selbst aber sahen

sie nicht. Da sagte er zu ihnen: Begreift ihr denn nicht? Wie schwer fällt es euch, alles zu glauben, was die Propheten gesagt haben. Mußte nicht der Messias all das erleiden, um so in seine Herrlichkeit zu gelangen? Und er legte ihnen dar, ausgehend von Mose und allen Propheten, was in der gesamten Schrift über ihn geschrieben steht» (Lk 24,17–27).

Erinnern wir uns nochmals an die Situation der Jünger. Während die beiden Männer von Jerusalem weggingen, kam ein Fremder zu ihnen. Solidarisch mitfühlend ging er eine Zeit mit ihnen. Dann fragte er sie: *«Was sind das für Dinge, über die ihr auf eurem Weg miteinander redet?»* Diese Frage rief bei ihnen Staunen hervor. *«Bist du so fremd in Jerusalem, daß du als einziger nicht weißt, was in diesen Tagen dort geschehen ist?»* Dann folgte die lange Geschichte ihrer Enttäuschung und auch die Geschichte von den rätselhaften Nachrichten über das leere Grab ihres Freundes. Es tat ihnen gut, alles einem Fremden erzählen zu können. So verschafften sie ihrem Herzen Luft. Das machte sie etwas freier.

Nun beginnt er zu reden. Und jetzt hören sie ihm zu. Er, der Fremde, wird jetzt Mittelpunkt. Damit hat sich ihre Blickrichtung bereits etwas verschoben. Sie schauen nicht mehr auf den Boden, sondern auf ihn. Was er ihnen nun sagt, ist alles andere als zimperlich und angenehm. Er konfrontiert sie mit einer Wahrheit, die sie vorerst lieber nicht gehört hätten. *«Begreift ihr denn nicht, wie schwer fällt es euch zu glauben!»*

Ein solcher Satz trifft und schockiert. Ähnlich, wie wenn jemand Bestätigung sucht: «Sie sehen das doch auch so und so ...», und als Antwort kommt: «Nein, ganz und gar nicht, im Gegenteil!» Eine solche Schockwirkung kann öffnen. In unserem Beispiel im Sinn von: «Begreift ihr denn nicht? Ihr seid gefangen und besessen von euren Vorstellungen. Ihr seid fixiert auf eure Vorstellungen. Ihr meint zu wissen, wie der Messias sein müsste.»

Worin bestand diese Vorstellung? Die Jünger hatten sich einen Messias in Macht und Herrlichkeit vorgestellt. Sie meinten, er werde ihr Volk durch machtvolles Eingreifen von der römischen Besatzungsmacht befreien. Er werde es ihren Feinden also zeigen. Weiter waren sie der Überzeugung, der Messias werde die Befreiung in Verbindung mit den Hohenpriestern, Pharisäern und Schriftgelehrten bewirken. Nun hatten aber gerade diese Jesus an die Römer ausgeliefert. Die Jünger waren so eingenommen von dieser Vorstellung, dass für sie eine andere Art von Befreiung nicht denkbar war. Da sagt ihnen dieser Fremde mitten ins Gesicht: «Da liegt ihr völlig falsch. Ihr seid blind für Gottes Wege, denn all das musste der Messias erleiden, um so in seine Herrlichkeit zu gelangen. Gott und seine Heilswege sind viel grösser als eure Vorstellungen!»

Und wir – an welchen Vorstellungen halten wir gerne fest? Welche Sichtweisen machen uns blind für die Wege Gottes? Wir können hier einen Schritt weiterkommen, wenn wir in unser Herz hineinhorchen. Wann steigt ein Warum auf? Denn im Warum wehrt sich unser Innerstes. Es lehnt sich gegen einen Zustand auf, der weh tut und den es lieber anders hätte.

Eigentlich wäre doch alles ganz einfach. Alle Probleme wären gelöst, wenn wir Gott wären, wenn alles so wäre, wie wir es uns wünschen. Unsere Wunschvorstellungen von Gott sind dabei meist ähnlich denen der Jünger. Gott soll zeigen, wer er ist. Er soll machtvoll eingreifen, für Ruhe und Gerechtigkeit sorgen. Und er soll dies so tun, ohne dass wir und andere leiden müssen; möglichst angenehm, einfach und bequem. Das Festhalten an solchen Vorstellungen macht uns blind für Gottes Wege. Auch uns sagt der Fremde: *«Musste nicht der Messias all das erleiden, um so in seine Herrlichkeit zu gelangen?»* Auch wir tun uns schwer mit einem schwachen, verborgenen und leidenden Messias. Denn zutiefst ahnen wir, dass dies uns Leiden bringen könnte.

Noch etwas macht die Jünger blind für Gottes Wege. Die Jünger sind ganz auf das fixiert, was sie im Moment sehen und fühlen. Ihr Urteil darüber lautet: es ist sinnlos. Es ist schlecht. Es ist negativ. Es dürfte nicht sein. Jesus sieht das gleiche Ereignis. Das Ereignis nur für sich betrachtet, ist schmerzlich, es tut weh. Aber, und das ist entscheidend, er sieht den grossen Zusammenhang. Er sieht dieses Ereignis in einen grossen Heilsplan eingebunden. Im Blick auf diesen Heilsplan kommt er zum Urteil: dieses schmerzliche Ereignis ist notwendig. Es ist positiv, weil es dem Heilsplan Gottes dient.

Dann versucht Jesus, diesen umfassenden Heilsweg zu deuten. Er erzählt von Mose, wie er das Volk in die Freiheit führte. Er erzählt von den Propheten, die das Volk immer wieder motivierten, die hart errungene Freiheit nicht aufs Spiel zu setzen. Er erzählt vom Propheten Jesaja, der einen leidenden Gottesknecht vorhersagte, einen leidenden Messias ankündigte. Und während Jesus so von den grossen Zusammenhängen redete, löste sich in ihnen mehr und mehr ihre Fixierung auf ihre Messiasvorstellungen und auf den Moment. Nach und nach konnten sie ihre Situation in einem neuen Licht sehen. Sie merkten, dass diese alten Geschichten ganz konkret mit ihrer jetzigen Situation zu tun haben. Langsam dämmerte es. Sie konnten neue Zusammenhänge entdecken. Nun erinnerten sie sich: Wurde ihnen nicht die Auferstehung Jesu verkündigt? Eröffnet dies nicht neue Perspektiven? Hat dies nicht mit der Herrlichkeit zu tun? Wenn das wirklich stimmt, dann ist ja das, was sie erleben, nicht das Ende, nicht die Katastrophe ihres Lebens. Wenn es wirklich so ist, wenn aus diesem Tod mehr Herrlichkeit wächst, dann kann dies alles sogar gut und richtig sein. Dann darf es so sein, wie es ist.

Jesus half den Jüngern, etwas zu sehen, wofür sie vorher blind waren. Jesus führte sie nach und nach in ein neues Sehen ein. So merkten sie ansatzweise, dass der Tod ihres Freundes nicht das Ende, sondern ein Neuanfang ist. So öffnete ihnen Jesus einen neuen Horizont. Diese Sicht, das Erkennen der neuen Zusammenhänge, befähigte sie, ihre bisherigen Fixierungen loszulassen. In diesem neuen Licht konnten sie Sinn erkennen, Sinn gerade für das, was ihrer Meinung nach nicht hätte sein dürfen. Dieser Sinn belebte sie. Sie spürten, wie neue Kräfte in ihnen erwachten. Es wurde ihnen warm ums Herz. *«Brannte uns nicht das Herz in der Brust, als er unterwegs mit uns redete und uns den Sinn der Schriften erschloß?»* (Lk 24,32)

Meditation: Auf ihn hören

Sinn suchen und Sinn erkennen. Das galt auch für Jesus. Dazu das Bild von Sieger Köder mit dem Titel «Verklärung». Jesus sah, dass seine Gegnerschaft wächst. Er ahnte, dass ein gewaltsamer Tod auf ihn zukommen könnte. Da sucht er Hilfe im Gebet. Er nimmt Petrus, Jakobus und Johannes mit auf einen Berg. *«Und während er betete, veränderte sich das Aussehen seines Gesichtes, und sein Gewand wurde leuchtend weiß. Und plötzlich redeten zwei Männer mit ihm. Es waren Mose und Elija; sie erschienen in strahlendem Licht und sprachen von seinem Ende, das sich in Jerusalem erfüllen sollte» (Lk 9,29-31).*

Mose steht für das Gesetz, Elija für die prophetische Tradition. Beide reden mit ihm über den Ausgang seines Lebens. Das heisst:

nur im Licht der ganzen Heilsgeschichte kann der Ausgang des Lebens Jesu in Jerusalem verstanden werden. Auch bei den Emmaus-Jüngern ist von Mose und den Propheten – und somit von der ganzen Heilsgeschichte – die Rede: *«Und er legte ihnen dar, ausgehend von Mose und allen Propheten, was in der gesamten Schrift über ihn geschrieben steht» (Lk 24,27).*

Der obere Teil des Bildes zeigt dieses Gespräch. Jesus erscheint strahlend als der Auferstandene. Die Wundmale, sichtbar an der rechten Hand, zeigen, dass er mit seiner ganzen Lebensgeschichte da ist. Hände und Gesicht sagen: Schaut auf, ich bin der erwartete Messias. Schaut, mein Weg ist der Weg in die Herrlichkeit. Jesus sagt dies Mose und Elija und zugleich den drei Jüngern im unteren Teil des Bildes. Klar ist die Abgrenzung zwischen oben und unten, zwischen göttlich-allumfassender und irdisch-begrenzter Sicht. Von oben fällt Licht auf die Jünger. Gottes Sicht unserer Wege gibt Licht. Gottes «Vogelperspektive» öffnet die engen Horizonte. Die drei Jünger jedoch sind im Dunkeln, verfangen in ihrer eigenen begrenzten Sicht. Im Dunkel, mit geschlossenen Augen, geben sich die Jünger der Vision hin. Der Glanz des Lichtes Jesu erhellt ihr Gesicht. Das Licht Jesu erhellt ihre Dunkelheit. *«Da rief eine Stimme aus der Wolke: Das ist mein auserwählter Sohn, auf ihn sollt ihr hören» (Lk 9,35).*

Auf Ihn hören. Von Ihm Licht und Sinn erwarten. Ihm vertrauen. Ihm folgen. Auf Ihn ausgerichtet sein in allen Zweifeln, Fragen, Enttäuschungen und Dunkelheiten. Das ist der Weg. Denn: *«... Ich bin das Licht der Welt. Wer mir nachfolgt, wird nicht in der Finsternis umhergehen, sondern wird das Licht des Lebens haben» (Joh 8,12b).*

Wenn ich nach Licht und Sinn für mein Leben suche, dann sagt auch mir die Stimme aus der Wolke: Das ist mein auserwählter Sohn, auf Ihn sollst du hören! Auf Ihn, auf Ihn, auf Ihn!

Das Wort Gottes gibt Licht

Auf ihn hören – warum? Wie zu den Emmaus-Jüngern Jesus sprach und Licht in ihr Leben brachte, wie Jesus selber Licht für den Ausgang seines Lebens im Gespräch mit Mose und Elia vom Vater erhielt, so will auch uns Gottes Wort Licht geben.

Das Wort Gottes offenbart, wer wir sind

Wenn man mich früher gefragt hätte, was das Wort Gottes und damit Gott selber hauptsächlich sagt, dann hätte ich ohne Zögern geantwortet: «Das Wort Gottes sagt, was ich zu tun habe.» Doch das Wort Gottes will uns nicht in erster Linie sagen, was wir zu tun haben, sondern wer wir sind. Dazu eine Geschichte:

«Eine Frau lag im Koma. Plötzlich hatte sie das Gefühl, sie käme in den Himmel und stände vor dem Richterstuhl.

'Wer bist du?' fragte eine Stimme.

'Ich bin die Frau des Bürgermeisters', erwiderte sie.

'Ich habe nicht gefragt, wessen Frau du bist, sondern wer du bist.'

'Ich bin Mutter von vier Kindern.'

'Ich habe nicht gefragt, wessen Mutter du bist, sondern wer du bist.'

'Ich bin Lehrerin.'

'Ich habe nicht nach deinem Beruf gefragt, sondern wer du bist.'

'Ich bin eine Christin.'

'Ich fragte nicht, welcher Religion du angehörst, sondern wer du bist.'

'Ich bin die, die jeden Tag in die Kirche ging und immer den Armen und Hilfsbedürftigen half.'

'Ich fragte nicht, was du tatest, sondern wer du bist.'

Und so ging es weiter. Alles, was sie erwiderte, schien keine befriedigende Antwort auf die Frage zu sein: 'Wer bist du?'» [3]

Ja, wer bist du? Das Wort Gottes sagt: Wir sind Geschöpfe, Abbilder Gottes. Wir sind von Gott gut geschaffen. So lesen wir im Buch Genesis: *«Dann sprach Gott: Laßt uns Menschen machen als unser Abbild, uns ähnlich. Gott schuf also den Menschen als sein Abbild; als Abbild Gottes schuf er ihn. Als Mann und Frau schuf er sie. Gott sah alles an, was er gemacht hatte: Es war sehr gut» (Gen 1,26a.27.31a).*

«Es war sehr gut», zeigt: wir sind gut geschaffen. Wir sind gewollt. Wir sind Kinder der Liebe. Wir sind wertvoll und bedeutsam. Wir sind geliebte Kinder, Töchter, Söhne Gottes.

Ein jüdischer Lehrer fragte seine Zuhörer: «Welches ist die schlimmste Tat des bösen Triebes?» Alle wurden still. Und als keiner eine Antwort wusste, gab er sie selber: «Die schlimmste Tat des bösen Triebes ist, dass der Mensch vergisst, dass er ein Königskind ist.»

Die schlimmste Tat ist, zu vergessen, wer wir in Wirklichkeit sind. Die Sünde, also das, was uns von Gott, von der Liebe, vom Glück, vom wahren Leben trennt, besteht darin, unseren Wert, unsere Würde nicht zu erkennen und nicht anzunehmen. Erinnern wir uns an das Märchen. Die hässliche Frau wird im Spiegel als die schönste Frau erkannt. Der Spiegel ist das Wort Gottes. So sind wir alle im Spiegel des Wortes Gottes wunderbar, herrlich und schön.

Wenn ein Mensch das annehmen und glauben kann, dann wird er gewandelt. Er erfährt sich trotz allem Bösen, Gemeinen und Dunklen, das er in sich vorfindet, zuinnerst als schön, als wertvoll und einzigartig. Das macht ihn glücklich. Ein Mensch, der zutiefst dankbar ist, dass er das sein darf, was er innerlich ist, ein solcher Mensch kann nichts Böses mehr tun. Er wird das Glück, das er in sich trägt, weitergeben. Darum sagt Jesus: «Liebe deinen Nächsten wie dich selbst.» In dem Mass, wie du dich selbst liebst, annimmst, freust und glücklich bist über dich, kannst du auch andere lieben, annehmen und dich über sie freuen.

Es bleibt zur Klärung noch hinzuzufügen, dass dieses Glück ein inneres Glück ist, das auch in Leid, Schmerz und depressiven Stimmungen da sein kann. Es geht um das Sein, die innere Ausstrahlung und nicht um momentane Gefühlsstimmungen.

Das Wort Gottes zeigt uns den Sinn des Lebens

Aus uns heraus können wir nicht wissen, woher wir kommen, wohin wir gehen und was der Sinn unseres Lebens ist. Ohne Klarheit in diesen Fragen fühlen wir uns verloren wie ein kleines Boot auf dem weiten Meer, das den Wellen ausgeliefert ist und völlig orientierungslos dahinschaukelt, unsicher, in welche Richtung es rudern oder die Segel spannen soll. Wir brauchen verlässliche Antworten auf das Woher, Wohin und den Sinn unseres Menschseins. Antworten, auf die wir bauen können. Sonst haben wir kein klares Ziel.

Wer ein Ziel vor Augen hat, ist anders unterwegs als wer ziellos umherirrt. Das Ziel gibt seinem Unterwegssein eine klare Ausrichtung. Das Ziel gibt auch Kraft, Schwierigkeiten und Strapazen durchzustehen. Das Ziel des gelobten Landes gab dem Volk Israel die Kraft, die Strapazen der Wüste durchzustehen. «Wer ein Warum hat, erträgt fast jedes Wie» sagte der Philosoph Friedrich Nietzsche. Das besagt: wer einen Sinn erkennt, kann vieles durchstehen. Je grösser und strahlender das Ziel, umso mehr Kraft, Vorfreude und Motivation lebt in uns.

Die Aufgabe von Predigt und Verkündigung besteht darin, den Menschen den Sinn ihres Lebens zu offenbaren, ihnen zu zeigen, dass ihr oft so banales, mühsames und enttäuschendes Leben von grösster Bedeutung ist, dass ihr Leben Zukunft, eine alle Sehnsüchte und Träume übertreffende gute Zukunft hat.

Dazu habe ich auf einer Spruchkarte von Antoine de Saint-Exupéry gelesen: «Wenn du ein Schiff bauen willst, dann trommle nicht Männer zusammen, um Holz zu beschaffen, Aufgaben zu verteilen und die Arbeit einzuleiten, sondern lehre sie die Sehnsucht nach dem weiten Meer.» Wecke in den Menschen die Schönheit ihres Seins. Öffne ihnen den Horizont für die unermesslichen Dimensionen ihres Lebens. Zeig ihnen, dass ihr Leben eingebettet ist in einen grossen Weg, in die Heilsgeschichte des Universums. Gib den Menschen Zukunft.

Genau das tat Jesus, als er den beiden Emmaus-Jüngern die Schrift erklärte. Sie entdeckten nach und nach den grossen Sinn, den Heilsweg, in dem ihre jetzige Enttäuschung eingebettet ist. Diesen grossen Sinn, den grossen Heilsweg, müssen wir nicht mühsam erkämpfen oder festhalten. Er ist vielmehr bereits da und trägt uns. Wir können uns in ihn hineinfallen lassen.

Dieser grosse Sinn gibt Licht in die Dunkelheit und Absurditäten unseres Alltags. *«Dein Wort ist meinem Fuss eine Leuchte, ein Licht für meine Pfade» (Ps 119,105).* Dein Wort ist wie eine Taschenlampe, die mir Licht für den nächsten Schritt gibt. Und mehr als Licht für den nächsten Schritt, Klarheit und Kraft für die Aufgabe dieses Tages brauche ich nicht. Oder wie Ernst Ginsberg betete: «Ich bitte Dich, Herr, um die grosse Kraft, diesen kleinen Tag zu bestehen, um auf dem grossen Weg zu Dir einen kleinen Schritt weiterzugehen.»

Das Wort Gottes ermutigt uns, den Weg der Erlösung zu gehen

Das Wort Gottes zeigt, wie wir zu dem erlöst werden können, was wir zuinnerst sind. Das Wort Gottes ist «euangelion» (gute Botschaft), gut- und freimachende Botschaft. Doch das Wort Gottes ist nicht immer freundliche, angenehme, süsse und bequeme Botschaft. Das Evangelium schmeichelt uns nie. Es kann sehr fordernd, klar und konsequent sein. Das Wort Gottes sagt: Werde, der du im tief Innersten bist. Geh deinen persönlichen Weg. Geh den Weg ganz und sei bereit, den Preis zu bezahlen, damit Erlösung geschehen kann.

Das Wort Gottes ruft uns normalerweise immer zur Umkehr auf, zum Loslassen unserer Bilder, Vorstellungen und Ideen, denn es geht um Gottes Reich, um Gottes Ideen und Gottes Vorstellungen. Es geht darum, dass Gottes Name gepriesen wird und nicht unser eigener. Es geht um Gottes Willen und nicht um unseren Willen.

So ruft das Wort Gottes meistens zuerst zu einem Schritt der Umkehr auf. Als Folge davon erfahren wir Freude, Leben und Glück. *«Musste nicht der Messias all das erleiden, um so in seine Herrlichkeit zu gelangen?»* Durch Leiden in die Herrlichkeit. Wir aber möchten lieber ohne Leiden in die Herrlichkeit gelangen. Doch es braucht Glauben. Es braucht das feste Vertrauen, dass Gottes Wort wirklich «Eu-angelion», «gute Botschaft» ist, auch wenn es uns zuerst zur Umkehr aufruft. «Dein Glaube hat dir geholfen» hat Jesus oft gesagt.

Das Vertrauen, dass Gott und sein Erlösungsweg gut sind, befähigt uns, uns ganz auf seinen Ruf einzulassen. Dieses Einlassen braucht es, wie der Heilige Augustinus sagte: «Gott hat uns erschaffen ohne uns zu fragen, aber er wird uns nicht erlösen ohne uns.» Das heisst, es braucht mein Ja, es braucht meinen Beitrag.

Niemand kann den Weg für andere gehen. Niemand kann für andere Gott suchen. Niemand kann für andere Menschen den Weg durch den Schmerz hindurch gehen. Niemand kann für andere Menschen umkehren. Den Weg der Erlösung muss jede und jeder ganz persönlich gehen. Es gibt keinen Ersatz. Es gibt kein Mogeln und kein Kneifen. Es kommt ganz und gar auf mich selber an. Ich allein entscheide über Annahme oder Verweigerung der Gnade der Erlösung.

Ritushinweise

Der Ritus will helfen, dass wir uns dem Heilsweg Gottes öffnen. Denn das Wort Gottes lässt uns, unser Leben und unsere Enttäuschungen, in einem neuen Licht sehen. Es lässt uns darin Sinn entdecken, Sinn, der aufleben lässt, neue Lebenskraft und Motivation gibt. Das Wort Gottes ermutigt uns in allen Situationen unseres Lebens Gottes Weg, der ins Leben führt, zu vertrauen. Darauf ist es ausgerichtet. Darum heisst es am Schluss der **Lesung** *«Wort des lebendigen Gottes»*, Wort des lebenspendenden Gottes. Das Wort Gottes will unser Leben erhellen. Gottes Wort hilft, unseren Weg im Licht Gottes neu zu sehen.

Das haben die beiden Jünger erfahren, als sie Ohren und Herz dem Fremden, dem Auferstandenen, zuwandten. Auch wir können uns in der Eucharistiefeier dem Auferstandenen zuwenden. Das bringen wir in unserer Haltung dadurch zum Ausdruck, dass wir beim **Hallelujaruf** und zum **Evangelium** aufstehen. Solches Aufstehen kann auch darauf hinweisen, dass wir unsere engen Denkmuster und Fixierungen hinter uns lassen wollen. Wir lassen das bisher Gehörte zurück. Wir stehen auf, um neu zu hören, was der Auferstandene uns jetzt sagen will. Wir wenden uns ganz ihm zu. Diese Haltung der Offenheit für Neues zeigen wir auch dadurch, dass wir ein Kreuz auf Stirn, Mund und Herz zeichnen: Öffne meinen Verstand, meinen Mund und mein Herz ganz, damit ich ganz neu höre und das aufnehmen kann, was du jetzt sagst.

Durch die **Lesungen** der Heiligen Schrift und die **Predigt**, die uns verdeutlichen möchte, was Gott uns sagen will, werden wir angesprochen. Gott selber hat eine Botschaft für uns, mit der er uns Gutes tun möchte. Dieses Wort Gottes erwartet eine Antwort. Antwortgeben heisst: Jetzt sind wir an der Reihe. Wie können wir antworten?

Wir können uns auf das Gehörte, auf die Sicht und den Weg Gottes einlassen und darauf eingehen: Jawohl, das will ich tun. Ja, daran will ich mich halten. Ich kann mich aber auch heraushalten und sagen: Nein, das will ich nicht, das passt mir nicht, das ist mir zu anstrengend. Ich bleibe lieber bei dem, wie ich es sehe. Ich bleibe lieber bei meinen Vorstellungen, wie es sein müsste.

In der Liturgie ist die Antwort, das Mitwirken mit Gott, das Glaubensbekenntnis, das **Credo**. Das Wort Credo heisst wörtlich:

«Ich gebe mein Herz.» Das heisst, ich sage ja dazu, ich lasse mich mit meinem Herzen, mit meiner ganzen Existenz ein. Ich nehme deine Sicht und deinen Weg an. Ich vertraue dir. Ich entscheide mich, mich von dir führen zu lassen und deinen Weg zu gehen.

Als nächstes sind die **Fürbitten** an der Reihe. In den Fürbitten geht es darum, die Welt mit all ihren Nöten und Leiden vor Gott zu tragen und zu bitten, dass sich alle seinem Heilsweg öffnen.

In den Fürbitten sind die Laien eingeladen, ihren priesterlichen Dienst auszuführen. Durch die Taufe haben wir alle Anteil am Priestertum, am Mittlerdienst Jesu. Er will durch uns alle wirken. Priesterlich heisst, dass Jesus als der Hohepriester und Mittler durch unser Beten und Handeln die Welt mit Gott verbinden kann.

Der Sinn der Fürbitten liegt nicht darin, dass der Prediger einige schöne Gedanken als Bitten zusammenstellt, die dann jemand anders vorträgt. Der Sinn wäre, dass die versammelte Gemeinde ihre eigenen Bitten und Anliegen vorträgt. Dies im Vertrauen auf die grosse Kraft gemeinsamen Betens. *«Alles, was zwei von euch auf Erden gemeinsam erbitten, werden sie von meinem himmlischen Vater erhalten» (Mt 18,19).* «Gemeinsam bitten» zeigt, dass ich das Anliegen das andern zu meinem mache. Dies fördert die Solidarität. Durch solches Beten kommen wir einander näher.

Leseordnung nach dem Konzil

Der Mensch lebt heute in einer audiovisuellen Überflutung. Durch die Massenmedien, Computer, Verkehr, ... nimmt er viel «Lärm» auf. Meist können wir dem Lärm und der Überreizung nur dadurch entgehen, indem wir halbherzig und oberflächlich zuhören.

Doch wenn Gott durch sein Wort zu uns spricht, ist unsere ganze Aufmerksamkeit gefordert. *«Neigt euer Ohr mir zu und kommt zu mir, hört, dann werdet ihr leben" (Jes 55,3a). «Hört»*, denn hier spricht der Schöpfer zu uns, der uns Leben schenken will. Dazu schreibt das zweite Vatikanische Konzil in «Dei verbum» 21: «In den heiligen Büchern kommt ja der Vater, der im Himmel ist, seinen Kindern in Liebe entgegen und nimmt mit ihnen das Gespräch auf. Die Kirche hat die heiligen Schriften immer verehrt wie den Herrenleib selbst, weil sie, vor allem in der heiligen Liturgie, vom Tisch des Wortes Gottes wie des Leibes Christi ohne Unterlass das Brot des Lebens nimmt und den Gläubigen reicht». Die grosse Bedeutung des Wortes Gottes haben die Konzilsväter dadurch veranschaulicht, dass sie vor jeder Sitzung die Heilige Schrift in Prozessionsform, begleitet von Weihrauch- und Leuchterträgern, zu einem Thron geleiteten und ihr die Ehre des Weihrauchinzenses erwiesen.

Es war ein grosses Anliegen des Zweiten Vatikanischen Konzils, die Schatzkammer des Wortes Gottes allen Gläubigen vermehrt zugänglich zu machen. Deshalb führten sie eine neue Leseordnung ein. Für die Sonn- und Festtage gibt es einen dreijährigen Zyklus, der mit A, B und C bezeichnet wird. Das Lesejahr C wird in den Jahren genommen, die durch drei geteilt werden können. A und B folgen in der entsprechenden Reihenfolge. Im Lesejahr A wird das Matthäus-, in B das Markus- und in C das Lukasevangelium gelesen. Texte aus dem Johannesevangelium kommen in allen drei Jahresreihen in der österlichen Busszeit und an Ostern vor. Neu sind zwei Lesungen vorgesehen. Die erste aus dem Ersten (Alten) Testament ist auf das Evangelium hingerichtet, während in der zweiten Lesung ein biblisches Buch des Neuen Testaments fortlaufend (mit Auslassungen) gelesen wird.

In der Leseordnung für die Wochentage wiederholen sich die Evangelien jährlich. Ihre Aufteilung sieht so aus: In den Wochen 1–9 des Jahreskreises wird das Markusevangelium, in den Wochen 10–21 das Evangelium nach Matthäus und in den Wochen 22–34 das Evangelium nach Lukas gelesen. Für die Lesungen gibt es zwei Jahreszyklen, wobei die Reihe I in den ungeraden, die Reihe II in den geraden Jahren gelesen wird.

Die neuen Leseordnungen wollen helfen, dass Gott selber vermehrt in unser Leben hineinsprechen, uns Licht, Ermutigung und Führung sein kann.

Konkret

Liebe Leserin, lieber Leser

An dieser Stelle möchte ich Sie wiederum auf das Begleitheft hinweisen. Aber nicht das Tempo des Weges ist entscheidend, sondern sein Tiefgang.

4. Gabenbereitung und Hochgebet

Der Ritus der Eucharistie ist ein Weg der Wandlung. Das Wort Gottes zeigt: Für unser Leben, unsere Erfahrungen, unsere Enttäuschungen gibt es verschiedene Sichtweisen und Deutungsmöglichkeiten. Wir können an unserer begrenzten Sichtweise, an unseren Vorstellungen festhalten: So ist es, so muss es sein. Wir können sie aber auch loslassen und uns vom Evangelium, von Gottes Wort zeigen lassen, wie Gott unser Leben sieht und auf welchen Weg er uns ruft. Im Credo treffen wir dann die persönliche Entscheidung: «Ich lasse mich auf die Sicht Gottes ein und nehme seinen Heilsweg an.» In den Fürbitten bringen wir die Sorgen und Nöte der Menschheit und legen sie in Gottes Hände. Wir bitten, dass alle sich seinem Heilsweg öffnen.

In der Gabenbereitung und im Hochgebet geht es einen Schritt weiter. Es geht um einen Vertrauensschritt. Wir geben uns in die Hände Jesu, damit er unser Leben wandle und mit seinem Geist durchdringe. Wir verbinden uns mit dem Leben Jesu.

Emmausgeschichte

Dazu lesen wir aus der Emmausgeschichte:
«Und er (Jesus) legte ihnen dar, ausgehend von Mose und allen Propheten, was in der gesamten Schrift über ihn geschrieben steht. So erreichten sie das Dorf, zu dem sie unterwegs waren. Jesus tat, als wolle er weitergehen, aber sie drängten ihn und sagten: Bleib doch bei uns, denn es wird bald Abend, der Tag hat sich schon geneigt. Da ging er mit hinein, um bei ihnen zu bleiben. Und als er mit ihnen bei Tisch war, nahm er das Brot, sprach den Lobpreis, brach das Brot und gab es ihnen» (Lk 24,27–30).

«Jesus legte ihnen dar, ...» Jesus öffnet den beiden Jüngern das Herz für die geheimnisvolle Wahrheit, dass der Tod ihres Freundes nicht das Ende, sondern Weg und Durchgang zu mehr Herrlichkeit ist. Diese neue Sicht nimmt zwar nicht den Schmerz, aber sie eröffnet einen neuen Horizont. Sie gibt Weite und Sinn. Das löst ihre Verkrampfung. Sie können wieder frei atmen. Sie merken, wie neues Le-

ben in ihnen erwacht. Das tut ihnen gut. Dadurch ist ihnen dieser Fremde vertraut und lieb geworden.

So erreichen sie ihr Ziel, das Dorf, zu dem sie unterwegs waren. Jesus tut, als wolle er weitergehen. Er drängt sich nicht auf. Er bittet nicht, eingeladen zu werden. Er lädt sich auch nicht selber ein. Vielmehr möchte er von uns eingeladen werden, auch in der Eucharistie.

Wenn wir Jesus nicht einladen, bleibt er ein sympathischer Fremder, der uns ein Stück weit geholfen und gut getan hat. Es war richtig und gut, ihm zu begegnen. Wir sind froh darüber. Dabei bleibt es aber auch: eine schöne, bereichernde Erinnerung. Viele machen im Verlauf ihres Lebens gute Erfahrungen mit Jesus. Bei einigen bleibt es auch dabei. Es ist wie eine Ferienbekanntschaft. Sie war schön, geht aber mit den Ferien auch zu Ende.

Bei andern hingegen ist die gleiche Erfahrung der Beginn einer Beziehung. Ein gemeinsamer Weg entsteht. Wenn mir Jesus im Leben begegnet, kann ich sagen: «Danke, Jesus, du hast mir geholfen, es war eine gute Erfahrung, ein hilfreiches Gespräch. Auf Wiedersehen bis auf irgendwann einmal.» Ich kann aber auch anders handeln. Ich kann sagen: «Was du gesagt hast, hat mir gut getan. Bitte komm in mein Haus. Ich möchte, dass du bei mir bleibst.»

Das ist der Unterschied. Die einen laden Jesus ins Haus ein, die anderen nicht. Das Haus ist der Ort, wo ich wohne. Ins Haus einladen heisst, ihn in mein Leben einladen, eine bleibende Beziehung mit ihm eingehen. Das verändert. Nicht Ideen verändern unser Leben, sondern Beziehungen. Jesus einladen heisst: Du kannst alles sehen, ich will keine Geheimnisse vor dir haben, ich vertraue dir. Alles darfst du anschauen, mein ganzes Leben, denn du bist mein Freund.

So laden die beiden Jünger den Fremden ein. Sie drängten ihn und sagten: *«Bleib doch bei uns.»* Wir wollen, dass du im Haus bei uns bleibst. *«Da ging er mit ihnen hinein, um bei ihnen zu bleiben.»*

Nun geschicht etwas völlig Überraschendes. Jesus kommt als Gast seiner Freunde. Doch er nimmt den Platz des Hausherrn ein. Der Fremde nimmt in ihrem eigenen Haus die Rolle des Gastgebers ein, der das Brot gibt: *«Als er mit ihnen bei Tisch war, nahm er das Brot und sprach den Lobpreis.»* Jesus nimmt das Brot, das die beiden Jünger auftischen, einfach in seine Hände. Er nimmt es und spricht den Lobpreis. Das ist die Rolle des Gastgebers.

Wenn wir also Jesus ins Haus – in unser Leben – einladen, dann übernimmt er die Rolle des Hausherrn, das heisst, er wird Herr über unser Haus – über unser Leben. Das wird uns gleich noch deutlicher werden mit den Gaben von Brot und Wein.

Brot und Wein

Was ist das Brot in der Eucharistie? Was ist der Wein? Brot und Wein sind Bilder, Symbole, Zeichen für unser Leben. Brot kann Zeichen für das Alltägliche und Mühsame unseres Lebens sein. Dann meint Brot unsere Sorgen, Ängste, Nöte, unseren Schmerz, unsere Blockaden, Abhängigkeiten, Wunden, unsere Bitterkeit, unser Nicht-verstehen-können. Wir können sagen: Brot bedeutet alles, was unser Leben banal, alltäglich, mühsam und schwer macht.

Der Wein kann Zeichen für die Freude, für Liebe, Glück, für unsere Erfolge, für unsere Sehnsüchte, Träume und Hoffnungen sein. Der Wein ist dann all das, was uns im Leben froh und glücklich stimmt, was unser Leben angenehm und schön macht. In der Eucharistiefeier nimmt Jesus im Priester Brot und Wein in seine Hände. Wenn Brot und Wein Zeichen für unser Leben sind, dann nimmt Jesus in Brot und Wein unser Leben in seine Hände. Was macht er damit? Zuerst nimmt er unser Leben liebevoll in seine Hände. Er nimmt uns ganz zärtlich, behutsam in seine Hände. Er dankt für uns und unser Leben. Wir sind ihm ein Geschenk, ein kostbares Geschenk seines Vaters, ein Geschenk, das er mit seiner ganzen Liebe und Sorge umgibt, ein Geschenk, das er hegt, pflegt und behütet.

Wenn er uns in Brot und Wein in seine Hände nehmen darf, dann lassen wir los. Wir geben all das, was unser Leben angenehm und schön und auch das, was es schwer macht, in seine Hände. Er darf damit machen, was er will. Wir liefern uns ihm aus. Loslassen, in seine Hände legen, ist ein Opfer. So opfern wir unsere Pläne, unsere Ideen, unsere Vorstellungen, unsere Sorgen, unsere Ängste, unsere Vorwürfe, unsere Wünsche. Das heisst, ich lege sie in seine Hände. Der Altar, der Tisch ist der Ort des Opfers. Es ist auch der Ort, wo etwas zum Tod kommt. Früher war es das Leben der Opfertiere. Hier soll unser Selber-bestimmen-Wollen sterben.

Loslassen bewirkt mehr Leben

Was macht Jesus mit unserem Leben? Er wandelt es. Er macht daraus etwas Gutes, er bewirkt mehr Leben.

Darauf weist auch die Entstehung von Brot und Wein hin. Brot entsteht dadurch, dass einzelne Körner gemahlen werden. Sie geben ihre ursprüngliche Form auf. Sie werden zu Mehl und lassen sich in ein neues Miteinander einfügen. Es entsteht eine neue Einheit. Nicht mehr das einzelne Weizenkorn ist wichtig, sondern das neue grössere Miteinander. Es ist Brot geworden.

Wein entsteht dadurch, dass die Traubenbeeren sich zerquetschen lassen und sich in ein Grösseres hinein geben. Durch dieses Loslassen, durch dieses Sich-Hineingeben entsteht eine höhere Stufe von Leben. Es wird stets mehr und nie weniger Leben. Hingabe vermehrt Leben. So wird der Altar zum Ort der Wandlung in mehr Leben. Wandlung kann aber nur geschehen, wo wir nicht mehr festhalten, sondern loslassen. Loslassen ermöglicht Wandlung.

Wenn wir nochmals zum Bild vom Haus zurückkehren, heisst dieses Loslassen: Jesus alle Schlüssel unseres Hauses zu geben. Damit erlauben wir ihm, darin aufzuräumen. Dann wird er anfangen, uns Schritt um Schritt von all dem zu befreien, was Liebe, Freude, Glück hindert. Er wird mir Negativprägungen, fixe und enge Vorstellungen, innere Mauern, negative Gedanken, Vorwürfe, die wir andern immer noch nachtragen und alles zeigen, womit wir uns selber belasten und uns schaden. Er wird uns aber auch Schätze zeigen und Schönes und Herrliches, um das wir gar nicht wussten. Wir werden staunen und uns freuen und sehr dankbar sein über das, was wir in uns drin alles vorfinden.

Konkretes geben

Wer loslässt, wer in die Hände Jesu loslässt, wird an Lebensqualität gewinnen. Was wir geben, wird in Mehr gewandelt. Das Geben, das wir in die Hände Jesu legen, braucht jedoch eine bewusste Entscheidung. Manchmal sagen wir ganz einfach: «Ich gebe dir alles.» Das kann je nach der persönlichen Wegsituation sehr gut sein und mehr als nur genügen. Doch dieses «Ich gebe dir alles» kann auch Bequemlichkeit und Oberflächlichkeit sein. Wir merken es, wenn Jesus dann diesen oder jenen Punkt anrührt und wir uns dagegen sträuben. Nein, so nicht!

Hilfreich ist es, ins eigene Leben hineinzuhorchen. Kürzlich leitete ich eine Sitzung. Öfters verstanden die Teilnehmenden nicht recht, was ich meinte. Darauf bin ich ihnen ins Wort gefallen. Ich liess sie nicht ausreden. So nahm ich sie in ihren Gedanken und Überlegungen nicht ernst. Erst nachträglich ist mir diese Ungeduld aufgefallen. Ich merkte: Das ist es, was Jesus wandeln möchte. Das, was wir an Mühen, Konflikten und Spannungen im Alltag erleben. Dazu gilt es, Ja zu sagen und es dann in die Hände Jesu zu legen. Denn ohne unser Ja, unser Mittun, ohne unseren eigenen Anteil geht es nicht. Auch da geht der Wandlungsweg immer Schritt für Schritt. Meist gehört dazu ein tieferes Bewusstwerden unserer eigenen Gefühle und die Bereitschaft zu leiden.

Ritushinweise

Nun schauen wir den Schritt des Loslassens, Jesus-Überlassens, Gewandeltwerdens noch im Ritus an. Bei der **Gabenbereitung** nimmt Jesus im Priester Brot und Wein in seine Hände und spricht den Lobpreis: *«Gepriesen bist du, Herr unser Gott, Schöpfer der Welt. Du schenkst uns das Brot, die Frucht der Erde und der menschlichen Arbeit. Wir bringen es vor dein Angesicht, damit es uns zum Brot des Lebens werde.» «Brot des Lebens»* heisst Kraft zum Leben, zum Lieben, zum Wahr-, Mutig- und Gutsein.

«Gepriesen bist du, Herr unser Gott, Schöpfer der Welt. Du schenkst uns den Wein, Frucht des Weinstocks und der menschlichen Arbeit. Wir bringen diesen Kelch vor dein Angesicht, damit er uns zum Kelch des Heiles werde.» «Kelch des Heiles» heisst: Das bringt mehr Heil, mehr Freude, mehr gelungenes Leben und mehr Lebensqualität.

Der Schritt, der Wandlung ermöglicht, heisst geben und loslassen. Wenn wir jemandem etwas geben, dann schauen wir ganz auf diese Person. Daraus ergibt sich eine innere Bewegung auf diese Person hin, eine Bewegung des Vertrauens. So sind wir bereits beim nächsten liturgischen Ritus in der Eucharistie.

Ausgerichtetsein auf den, der alles gut macht

Das **Hochgebet** ist das grosse Wandlungs- und umfassende Dankgebet. Es fängt mit der **Präfation** an. «Prä...» heisst «vor». Vor der Gemeinde und vor Gott preist der Priester den Vater für sein umfassendes Erlösungswirken. Unser Blick geht weg von uns hin zu Gott. Wir schauen auf sein Handeln und danken ihm dafür. Das Gebet wird eingeleitet mit den Worten: *«Erhebet die Herzen.»* Das heisst: Seid jetzt ganz auf ihn ausgerichtet. Klebt nicht mehr an euch, an euren Ideen, Vorstellungen und Gefühlen. Schaut ganz auf ihn.

Dann kommt die Antwort: *«Wir haben sie beim Herrn.»* Damit meinen wir, dass wir ganz auf ihn ausgerichtet sind. Weiter folgt: *«Lasset uns danken dem Herrn, unserm Gott.» – «Das ist würdig und recht.»* Dies meint: Wenn wir auf ihn, auf seine grenzenlose Liebe schauen, dann ist das Danken genau das Richtige.

Nun wird das Handeln Gottes gepriesen. Wir danken für die Schöpfung, wir danken für Menschwerdung, Tod, Auferstehung und Himmelfahrt Jesu. Wir danken für die Sendung des Heiligen Geistes. Wir danken, dass die Erlösung der ganzen Schöpfung begonnen hat. Wir sehen: Alles Leben, mein Leben, das Leben aller Menschen und Geschöpfe ist eingebettet und umfangen von seinem heilenden und erlösenden Handeln. So darf alles sein, nicht weil es gut ist, sondern weil er alles gut machen will und wird. Alles ist hineingenommen ins universelle Heilswirken Gottes in Jesus Christus durch den Heiligen Geist. Je nach Festtag wird jeweils ein Aspekt dieses Heilswirkens Gottes in und durch Menschen besonders hervorgehoben und gepriesen.

Dieses Heilshandeln Gottes ist bei einigen Geschöpfen bereits vollendet. Dort im vollendeten Heil ist das Geschöpf voller Glück, voller Freude, voller Jubel über Gott, über das Leben und über alles, was ist. Am Ende dieses grossen Dankgebetes verbinden wir uns mit den Geschöpfen in der Vollendung und stimmen ein in den ewigen Jubel, das **Sanctus**:

«Heilig, heilig, heilig, Gott, Herr aller Mächte und Gewalten. Erfüllt sind Himmel und Erde von deiner Herrlichkeit.» «Erfüllt sind Himmel und Erde von deiner Herrlichkeit» heisst: die Erde und damit unser ganzes Menschsein ist geheimnisvoll umstrahlt von der Herrlichkeit Gottes. Dieses dreifache Heilig bezieht sich auf den Propheten Jesaja und den Seher Johannes, denen ein Blick in den Himmel, das heisst ins ewige Sein Gottes geschenkt wurde (vgl. Jes 6,1–3; Offb 4,8).

Da zeigt sich ein weiterer Aspekt der Wandlung. Er besteht in der Dankbarkeit, im Lob, in der Anbetung Gottes, im Ausgerichtetsein auf ihn, der alles gut machen wird.

Noch aber ist nicht alles gut. Darauf bezieht sich der zweite Teil des Heilig-Gebetes, der an den feierlichen Einzug Jesu in Jerusalem erinnert (vgl. Mt 21,9). *«Hosanna in der Höhe, Hochgelobt sei der da kommt im Namen des Herrn. Hosanna in der Höhe.»* Hosanna wurde schon früh als Jubel- und Anbetungsruf verwendet. Ursprünglich heisst er: «Bring doch Hilfe». Wie bringt Gott Hilfe? Dadurch, dass Jesus kommt, dass er alles wandelt, indem er es in seine Hingabe an den Vater hineinnimmt.

Hineingenommen werden in die Hingabe Jesu

So schliesst sich jetzt die **Wandlungsepiklese** (die Bitte um den Heiligen Geist) an. Der Priester streckt die Hände über die Gaben von Brot und Wein aus und betet: *«Heilige* (wandle) *unsere Gaben durch deinen Geist, damit sie uns werden Leib und Blut deines Sohnes.»* Gott ist es also, der Wandlung bewirkt und nicht der Priester. Das Ziel der Wandlung ist, mehr und mehr Leib und Blut Jesu zu werden, das heisst, das Bild Gottes, das wir zutiefst innen schon sind, jede und jeder persönlich und alle miteinander.

In den Gaben Brot und Wein haben wir uns – oder Bereiche von uns – Jesus gegeben. Nun gibt Jesus sich selber (sein Leben, seine Liebe, seinen Geist, seine Offenheit für den Heilswillen des Vaters, seine Hingabe) in Brot und Wein hinein. Er gibt sich für uns ganz.

Dazu handelt im Heiligen Geist jetzt Jesus. Der nun folgende **Einsetzungsbericht**, den wir in der Liturgie verwenden, stimmt mit den biblischen Texten, die unterschiedlich sind, nicht wörtlich überein. Der Liturgieprofessor Adolf Adam sagt, dass der liturgische Text älter ist als die biblischen Texte. Der Inhalt ist jedoch in allen Texten identisch. *«Das ist mein Leib, der für euch hingegeben wird.»* – *«Das ist der Kelch des neuen und ewigen Bundes, mein Blut, das für euch und für alle vergossen wird.»* Gemeint ist die Hingabe Jesu an den Willen des Vaters, die ganze Schöpfung zu heilen und heimzuholen. Dafür gibt er sein Leben hin.

Diese Liebe und Hingabe seines Lebens lässt Jesus in den Gaben von Brot und Wein gegenwärtig werden. Brot und Wein sind Zeichen, die zeigen, was Jesus uns durch seine Hingabe schenken möchte. Wie Brot und Wein Mittel zum Leben – Lebensmittel – sind, die beim Essen am Tisch Gemeinschaft bewirken, so will Jesus durch das eucharistische Opfermahl Gemeinschaft, Kraft und Lebensfreude bewirken. Dies wird uns in dem Mass geschenkt, wie wir uns eins machen mit der Hingabe Jesu an den Willen des Vaters. Dadurch verlieren wir nichts – im Gegenteil. Denn der Wille des Vaters ist Heil und Glück für alle.

Hingabe kann für uns den Beigeschmack von Verzicht, Verlust – also von etwas Negativem – haben. Doch das ist hier nicht der Fall. Hingabe an den Heilswillen des Vaters meint vielmehr, sich ganz der Liebe, sich ganz den Heilsstrahlen, sich ganz dem erlösenden und befreienden Wirken Gottes zu öffnen. Hingabe ist also Gewinn. Je mehr wir uns mit der Hingabe Jesu an den Vater binden, umso mehr kann Gottes Liebe und Gottes Heilkraft in unser Leben kommen – kurz: umso glücklicher werden wir.

Einswerden mit Jesus und der Öffnung seines Lebens an den Willen des Vaters heisst eins werden mit dem wahren Leben. Denn Jesus ist das Leben, die Freude und die Liebe. In diesem Einswerden werden wir gewandelt. Dabei geht es immer um zwei Akzente: Tod und Auferstehung Jesu, die jetzt in besonderer Weise gegenwärtig sind. In unserem Einswerden mit Jesus erhalten wir Anteil an seinem Tod und seiner Auferstehung.

Anteil am Tod Jesu heisst: alle negativen Mächte und Kräfte, alle Dinge, die das wahre Leben hindern und blockieren, sollen jetzt am Kreuz Jesu sterben. Das sind zum Beispiel: die Feigheit, die Blindheit, die Minderwertigkeitsgefühle, das Verurteilen, die Verbitterung, die Engherzigkeit und vieles mehr.

Anteil an der Auferstehung heisst: in der Kraft seiner Auferstehung soll die wahre Liebe, das Mit- und Füreinander, die Freude an Gott, an den Menschen, an der Schöpfung und am eigenen Leben lebendiger werden und wachsen. Mit anderen Worten: das Sein Jesu, unser Abbildsein Gottes, soll sich entfalten.

Solches Einswerden mit der Hingabe Jesu ist kein aktives Tun mehr, sondern ein Geschehenlassen. Nachdem wir uns im Brot und Wein in seine Hände gelegt und ihm überlassen haben, ist er jetzt an der Reihe. Wir lassen ihn an uns handeln. Zum Zeichen, dass wir ihn jetzt ganz an uns handeln lassen, knien wir in diesem Moment nieder. Wenn der Priester die Worte Jesu über Brot und Wein spricht,

spricht Jesus sein wandelndes Wort über uns. Wir werden in die Wandlungskraft Jesu hineingenommen. Aber nicht nur wir, sondern alle Menschen und die ganze Schöpfung. So können wir auch Menschen, Gruppen, bestimmte Anliegen, Nöte und Leiden der Wandlungs- und Erlösungskraft Jesu anvertrauen.

Dann folgt die **Akklamation** (der grosse Bekenntnisruf). Der Priester sagt: *«Geheimnis des Glaubens.»* – Was wir hier feiern, ist ein Geheimnis. Wir können es nicht verstehen, nur erahnen. Es ist das Geheimnis seiner Liebe. Unsere Antwort darauf ist: *«Deinen Tod, o Herr, verkünden wir. Deine Auferstehung preisen wir, bis du kommst in Herrlichkeit.»*

Diese Akklamation fasst wie ein Brennpunkt das ganze Erlösungsgeschehen zusammen. Akklamation hat mit Klatschen, mit Freude, mit Bejubeln zu tun. Wir jubeln über die Befreiung, die geschah und sich jetzt ereignet und sich ganz vollenden wird, wenn *«du kommst in Herrlichkeit»*.

«Darum», so geht es weiter im Hochgebet, *«feiern wir das Gedächtnis unserer Erlösung.»* **Anamnese** (Gedächtnis) der Erlösung heisst: Jetzt handelt er erlösend und heilend, damit wir mit ihm Gabe an den Vater werden. Es geht darum, dass sich die Mitfeiernden mit der Hingabe Jesu solidarisieren.

Das geschieht im Darbringungsgebet: *«Wir bitten dich, schenke uns Anteil an Christi Leib und Blut, und lass uns eins werden im Heiligen Geist»* (Zweites Hochgebet). Anteil an Christi Leib und Blut heisst, einswerden mit seiner Hingabe an den Willen des Vaters. Das ist unser «Opfer», das «Opfer» der Kirche. Es heisst, tiefer in Jesus integriert zu werden, tiefer eins zu werden mit ihm.

Im **Darbringungsgebet** bringen wir diese unsere Bereitschaft zum Ausdruck, die Paulus so formuliert hat: *«Angesichts des Erbarmens Gottes ermahne ich euch, meine Brüder und Schwestern, euch selbst als lebendiges und heiliges Opfer darzubringen, das Gott gefällt; das ist für euch der wahre und angemessene Gottesdienst» (Röm 12,1).* Im Darbringungsgebet stellen wir uns Jesus zur Verfügung, damit er mit uns und durch uns sein Heilswirken in der heutigen Zeit weiterführen kann. Solches Einswerden bewirkt der Heilige Geist.

Alles und alle in die Erlösung legen

Nun folgen verschiedene **Interzessionen** (Bitten). Darin legen wir alle Menschen, ja die ganze Schöpfung in die Erlösung hinein. Die Heilssonne soll alle und alles wärmen, durchdringen und heilen. Zuerst kommen meist Bitten für die Gemeinschaft der Gläubigen und ihre Verantwortlichen, damit sie als Kirche Jesu Christi treu ihren Dienst tun. Dann kommen Bitten für die Menschen aller sozialer Schichten und Gruppen. Dabei verbinden wir uns mit der riesigen, unzählbaren Schar der Erlösten und Heiligen, insbesondere mit der Gottesmutter Maria.

«Wie du uns hier am Tisch deines Sohnes versammelt hast in Gemeinschaft mit der seligen Jungfrau und Gottesmutter Maria und allen Heiligen, so sammle die Menschen aller Rassen und Sprachen, aller Schichten und Gruppen zum Gastmahl der ewigen Versöhnung in der neuen Welt deines immerwährenden Friedens» (Votivhochgebet «Versöhnung»). Das heisst, die Menschen aller Schichten, aller Gruppen sollen zum Leben finden. Alle sollen eins werden im Reich Gottes. Wir bitten, dass alle Menschen sich diesem Heilshandeln öffnen. *«Erhöre, gütiger Vater, die Gebete der hier versammelten Gemeinde und führe zu dir auch alle deine Söhne und Töchter, die noch fern sind von dir»* (Drittes Hochgebet).

Nicht nur die Menschen, sondern die ganze Schöpfung wird Heilung erfahren (vgl. auch Röm 8,21f). *«Wenn die ganze Schöpfung von der Verderbnis der Sünde und des Todes befreit ist, lass uns zusammen mit ihr, (also mit der Schöpfung), dich verherrlichen in deinem Reich durch unseren Herrn Jesus Christus»* (Viertes Hochgebet).

Wir legen weiter unsere Verstorbenen in die Erlösung hinein. *«Erbarme dich aller unserer verstorbenen Brüder und Schwestern und aller, die in deiner Gnade aus dieser Welt geschieden sind. Nimm sie auf in deine Herrlichkeit. Und mit ihnen lass auch uns, wie du verheissen hast, zu Tische sitzen in deinem Reich. Dann wirst du alle Tränen trocknen. Wir werden dich, unseren Gott, schauen, wie du bist, dir ähnlich sein auf ewig und dein Lob singen ohne Ende»* (Drittes Hochgebet).

In dieses Lob stimmen wir am Ende des Hochgebetes, des grossen Gebetes der Erlösung und Wandlung, in der **Schlussdoxologie** (Verherrlichung Gottes) ein. Der Priester hält den Leib und das Blut

Christi in die Höhe und betet: *«Durch ihn,* (das heisst durch Jesus Christus) *und mit ihm und in ihm ist dir, Gott, allmächtiger Vater, in der Einheit des Heiligen Geistes alle Herrlichkeit und Ehre jetzt und in Ewigkeit.» – «Amen.»*

Das zeigt das Ziel. Die Erlösung der ganzen Schöpfung mündet in den Lobpreis, die Anbetung und die Ehre des Vaters, in Jubel, Glück und Freude ein. Die Antwort aller ist das grosse Amen. Amen, so ist es. Amen, das glauben wir. Amen, daran halten wir fest. Amen, wir geben uns durch und mit Jesus dem Vater. Es ist ein frohes und glückliches Amen, das, wie der Bibelgelehrte Hieronymus (gest. 420) sagte, in den Säulenhallen der römischen Basiliken laut wie ein Donner ertönte.

Geheimnis des Glaubens

Gabenbereitung und Hochgebet, ja die ganze Eucharistie ist die Einübung in ein neues Sehen, in das dankbare Sehen unseres Lebens und der ganzen Weltgeschichte. Dieses neue Sehen hat mit Glauben zu tun. Zum Glauben finden heisst, Licht finden, erleuchtet werden, das Leben, wie es ist, mit neuen Augen, in einem neuen Horizont, in einem neuen Licht sehen.

Dazu lädt uns die Akklamation ein. Sie steht im Zentrum der Eucharistiefeier. Akklamation hat mit Klatschen, mit Freude, mit Bejubeln zu tun. Der Priester oder Diakon sagt: *«Geheimnis des Glaubens.»* Die neue Sicht ist ein Geheimnis des Glaubens, eine Sicht, die Freude bewirkt und Inhalt hat. Denn das, was es hier zu sehen gibt, ist einzigartig.

«Deinen Tod, o Herr, verkünden wir»

Was gibt es denn zu «sehen»? Die Antwort lautet: *«Deinen Tod, o Herr, verkünden wir.»* Paulus schreibt in 1 Kor 11,26: *«So oft ihr von diesem Brot eßt und aus dem Kelch trinkt, verkündet ihr den Tod des Herrn, bis er kommt.»* Einen Tod verkünden, das ist doch recht befremdend. Das wirkt komisch. Den Tod eines lieben Menschen teilen wir normalerweise mit gedämpfter Stimme und mit Traurigkeit mit. Doch hier soll ein Tod verkündet werden, ja sogar mit Freude verkündet werden. Warum? Ich denke, aus zwei Gründen.

Erstens, weil Jesus in seinem Tod alles Negative, alle Schuld, alle Beschämung, alles Sinnlose, alles Sterben, alles Unheil auf sich genommen hat. So ist in seinem Tod alles Negative der ganzen Schöpfung zum Tod gekommen und gestorben. Wie ein Schwamm alle Feuchtigkeit, alles Wasser aufsaugt, so hat Jesus alles Negative auf sich genommen. Es ist in seinem Tod mitgestorben. Dies ist eine frohe Botschaft, die wir allen verkünden dürfen: In Jesu Tod ist das Negative für immer besiegt worden!

Vielleicht sind Sie verwundet und der Schmerz dieser Wunden holt sie immer wieder ein. Vielleicht leiden Sie an einer Schwäche und es gelingt Ihnen nicht, so sehr Sie sich auch bemühen, diese zu überwinden. Sie sehen vielleicht in der Welt so viel Leiden, Bosheit, Missbrauch, Ungerechtigkeit, Hass usw. und haben den Eindruck, dass das Negative nur noch zunimmt. All das kann Resignation bewirken, entmutigen und lähmen. Dazu besagt der Tod Jesu: Ja, es stimmt. Die Welt ist verwundet, sie ist voll Leid, sie ist voll vom Bösen, aber es wird nicht so bleiben. Denn im Tod Jesu ist alles Negative besiegt und Ihre Wunden und die Wunden aller Menschen werden geheilt werden. Das Gute, die Liebe wird siegen!

Weiter verkünden wir den Tod Jesu, weil Jesus sich in seinem Leiden und Sterben mit allem Leiden und Sterben solidarisiert. Solidarisieren heisst mitleiden, an die Stelle des Leidenden treten. Jesus solidarisiert sich mit den Ausgestossenen, den Süchtigen, den Gefangenen, den Abgelehnten, mit allen, die auf der Schattenseite des Lebens stehen. Er solidarisiert sich mit jeder Schande, mit jeder Not, mit jedem Leid, mit jedem Schmerz, mit jeder Verwundung. Er solidarisiert sich, heisst: er ist in allem Leiden gegenwärtig und trägt es mit. Kein Mensch ist mehr allein in seinem Leid.

Solidarität heisst nicht, dass er uns vor dem Leiden bewahrt, sondern dass er es solidarisch mit uns trägt, dass er als Bruder mit uns den Weg des Leidens geht.

Dazu ein Beispiel: Lucia V., eine junge Novizin, trat voll Freude ins Kloster ein. Sie spürte, das ist mein Weg. Sie war glücklich auf diesem Weg. Dann jedoch kam jene schreckliche Nacht, in der sie von den Milizen brutal mehrmals vergewaltigt wurde, so wie tausend andere auch. Zurück blieb ein geschändeter Körper, eine zerstörte Seele, ein ungewolltes Kind, ein brutal zerstörter Lebensweg, den sie trotz allem als Willen Gottes erkannte. Sie schrieb nach einiger Zeit in einem Brief an ihre Priorin: «Ich werde weggehen mit meinem Kind. Ich weiss nicht, wohin. Aber Gott, der es zuliess, dass mit einem Schlag meine grösste Freude zerbrochen wurde, wird mir den Weg zeigen, um seinen Willen zu erfüllen. Ich werde arm sein; ich werde meine alte Schürze wieder anziehen und die Holzschuhe, welche die Frauen an Werktagen benützen. Und ich werde mit meiner Mutter den Saft der Pinien unserer Wälder einsammeln gehen ... Ich werde das Unmögliche tun, um die Kette des Hasses zu brechen, die unsere Länder zerstört ... Das Kind, das ich erwarte, werde ich nur lehren, zu lieben. Mein Kind, geboren aus der Gewalt, wird davon zeugen, dass die einzige Grösse, die den Menschen ehrt, die Vergebung ist.» [4]

«Deinen Tod, o Herr, verkünden wir», heisst somit: Wir verkünden die Solidarität Jesu mit dieser ehemaligen Novizin in Bosnien, die Solidarität mit allen Geschändeten, mit allen, deren Lebensglück brutal und auf schlimmste Weise zerstört wurde. Wir verkünden, dass durch diese Solidarität Jesu Heilung möglich wird. *«Er heilt die Wunden der ganzen Schöpfung»* (Weihnachts-Präfation). Er heilt die Wunden aller, ob sie zu Recht oder zu Unrecht leiden, ob sie selber schuld sind oder schuldlos. Er heilt sie durch die Ströme und Infusionen seiner Liebe.

Was ändert sich mit dieser Glaubenssicht? Ich denke, der Hauptpunkt der Aenderung besteht darin: Wir können vom Warum, von der Verzweiflung zum Danke, zum Vertrauen finden.

Ohne die neue Glaubenssicht bleiben die Menschen oft im bitteren Warum stecken und fragen sich, wie Gott das nur zulassen kann. Während das bittere Warum einengt und fixiert, öffnet sich in der neuen Glaubenssicht der Horizont. Mit den Augen des Glaubens können wir sagen: «Danke, dass du dabei bist, danke, dass du mitfühlst, mit-gehst, mit-leidest, danke, dass du alle Verzweiflung, alle Not teilst. Danke, dass du in jeder noch so ausweglosen Situation einen Weg der Heilung bereit hast.» Diese neue Sicht, – *«Er heilt die Wunden der ganzen Schöpfung»* – öffnet für das Vertrauen und kann Teilnahmslosigkeit, Resignation und Passivität überwinden und Kraft zum aktiven Mittragen geben. Die neue Sicht gibt Hoffnung. So ist die ehemalige Novizin in ihrem Leid nicht zerbrochen, sondern hat Sinn und Hoffnung gefunden.

«Deine Auferstehung preisen wir»

In seinem Sterben am Kreuz ist Jesus auf den untersten Platz, in die grösste Schande, in jedes Unheil hinabgestiegen. Nun steht er dort auf und bringt in alles Dunkel und Elend Heil und Leben hinein. Er ruft zum Leben, mehr noch: er reisst ins Leben!

So preisen wir den Sieg des Lebens, den Sieg der Liebe, den Auferstandenen und jetzt Gegenwärtigen. Wir preisen sein jetziges Wirken, Wandeln und Heilen. Wir preisen das, was wir von diesem Heil schon bei uns und bei anderen Menschen sehen können. Wir preisen den Sieg der Liebe in Lucia und ihrem Kind. Wir preisen und feiern, dass er jetzt, in einem allumfassenden Wandlungsprozess, die ganze Schöpfung erneuert.

Von dieser Neugestaltung der ganzen Schöpfung spricht die Offenbarung des Johannes in Bildern. *«Er wird alle Tränen von ihren Augen abwischen: Der Tod wird nicht mehr sein, keine Trauer, keine Klage, keine Mühsal. Denn was früher war, ist vergangen. Er, der auf dem Thron sass, sprach: Seht, ich mache alles neu» (Offb 21,4–5a).*

So glauben und bekennen wir den Beginn der Neuschöpfung, der Wandlung und Heilung des ganzen Kosmos in der Auferstehung Jesu Christi. Wir glauben und bekennen, dass der Auferstandene unermüdlich handelt und wirkt und alles, was sich ihm öffnet, ins Leben des wahren Seins, ins Leben eines atemberaubenden Glückes der Liebe führt. Wir glauben das, und wir freuen uns darüber.

«Bis du kommst in Herrlichkeit»

Das zeigt die ungeheure Weite des Horizontes auf. Jesus Christus wird kommen und alles erlösen. Alles wird dann von seiner Herrlichkeit erfüllt und durchdrungen sein.

Sie und ich, jeder Mensch, wird dann sein Leben, seine Geschichte, seine Entscheidungen, seine Sünden, sein Scheitern, seine Wege usw. anschauen und annehmen können. In seinem Licht werden wir alles verstehen können: uns, unseren Lebensweg, das Verhalten unserer Mitmenschen, den Lauf der Geschichte. Alles wird, eingetaucht in seine Herrlichkeit, neu aussehen. Dann werden wir mit niemandem tauschen wollen. Wir möchten kein anderes Leben gelebt haben. Dies nicht deshalb, weil wir unsere Fehler nicht bereuen würden. Oder weil vieles in unserem Leben nicht bitter, hart und schwierig war. Der Grund liegt nicht bei uns, sondern bei Gott. Denn in seiner Herrlichkeit werden wir die Gnade sehen, die alles in unserem Leben und bei allen Geschöpfen gut gemacht hat. Wir werden glücklich auf diese Gnade schauen und werden sie unaufhörlich preisen.

Das ist unsere Zukunft, der wir uns nähern. Das Schönste unseres Lebens ist nie hinter uns. Als Christinnen und Christen müssen wir nie traurig sagen: Schade, dass dies und jenes vorbei ist. Ach, damals – aber jetzt, was bleibt uns jetzt noch vom Leben! Nein, wir dürfen nach vorne schauen. Das Schönste, Beglückendste ist immer vor uns! *«Bis du kommst in Herrlichkeit.»*

Meditation: Sich von seiner Liebe betreffen lassen

Der Ritus der Eucharistie will unser Leben wandeln. Die Kraft der Wandlung ist die Liebe, die Jesus uns gibt. Dem wollen wir noch in einer Meditation nachgehen. Das letzte Abendmahl war eine jüdische Paschafeier. Zu Beginn des Hauptmahles sprach der Hausvater das Tischgebet über die ungesäuerten Brote und deutete das Mahl. So sprach Jesus das Tischgebet über das ungesäuerte Brot, brach es auseinander mit den Worten: *«Nehmt und esst, das ist mein Leib.»* Das heisst: So wie die Brotfladen zerteilt werden, so wird mein Leib, mein Leben gebrochen und verteilt. Das gebrochene Brot wird zum Zeichen meiner Lebenshingabe an euch.

Beim Segensgebet über den dritten Becher, mit dem das Hauptmahl abgeschlossen wurde, sagte Jesus: *«Nehmt und trinkt alle daraus. Dieser Becher ist der neue Bund in meinem Blut, das für euch vergossen wird zur Vergebung der Sünden.»* Das heisst: Mein ganzes Leben gebe ich hin. Durch mein Leben werden die Menschen wieder mit Gott verbunden und werden die Menschen untereinander verbunden. Es entsteht in und durch mein Leben der neue und ewige Bund. Vergebung der Sünde heisst: Durch mein Blut, durch mein Leben, wird alles weggenommen, was das liebevolle, beglückende, belebende und erfreuende Zusammensein Gottes mit den Menschen und der Menschen untereinander verhindert.

In einem Zeichen, das in der Paschafeier nicht üblich war, verdeutlicht Jesus dieses Miteinander. Während in der Paschafeier alle ihren eigenen Becher hatten, aus dem sie tranken, sagt Jesus hier:

Trinkt alle aus meinem Becher, lasst euch durch mein Leben zu geschwisterlicher Gemeinschaft, die füreinander – wie ich für euch – ihr Blut, ihr Leben gibt, verbinden.

Schauen wir nun das Bild von Sieger Köder an. Es trägt den Titel «Das Mahl Jesu». Elf Jünger sind im Halbdunkel: Staunend, fragend, müde, verwundert. Einige schauen zu Jesus, andere scheinen zu schlafen und einer ist bereits aufgestanden, um hinauszugehen. Die Jünger verstehen nicht, was hier geschieht. Verstehen wir, wenn wir das Mahl Jesu, wenn wir Eucharistie feiern?

Vom Gastgeber sehen wir nur die Hände. Von ihm geht Licht aus. Dieses Licht fällt auf die Gesichter der Jünger und den Tisch. Dort ist das Brot, elf Stücke, weil Judas sein Stück bereits genommen hat. Das Brot ist gebrochen. Es bezeichnet die Hingabe Jesu. Das deutet auch das Kreuz an, das sich wie ein Schatten über den Tisch legt. Gerade das Gebrochensein macht das Brot zu Christus, wie Chi und Ro – die griechischen Anfangsbuchstaben für Christus – zeigen. Sein Gesicht spiegelt sich im Wein. Es ist sein Leben, sein Blut, das er gibt, hingibt für alle, für Sie und mich. Niemand ist ausgeschlossen. Mit allen sucht er Gemeinschaft: mit Petrus, der ihn bald verleugnen wird, mit den Jüngern, die ihn bald allein und im Stich lassen, mit Judas, der schon hinausgeht, um ihn zu verraten. Allen will er seine ganze Liebe geben, allen, auch Ihnen ganz persönlich. So sagt er uns: «Nimm, iss und trink. Nimm meine Liebe, meine Hingabe zu allen an. Nimm sie in dich auf und lass dich von dieser meiner Liebe treffen und wandeln.»

Konkret

Liebe Leserin, lieber Leser

Bereits sind Sie ein grosses Stück Weg gegangen. Ermüdungserscheinungen können sich bemerkbar machen. Das ist normal. Darum kann eine Pause durchaus gut tun, um sich nachher mit umso mehr Elan auf den weiteren Weg zu machen. Wiederum warten im Begleitheft vertiefende Gedanken auf Sie. Vielleicht freuen Sie sich darauf – vielleicht brauchen Sie dazu etwas Überwindung. Wie auch immer, Sie werden davon profitieren.

5. Kommunion

Der Ritus der Eucharistie ist ein Weg der Wandlung. Nach dem grossen Wandlungsgebet geht es nun konkret darum, dass in der Kommunion Wandlung in uns und durch uns geschehen kann. Dazu ist einmal mehr von entscheidender Bedeutung, die inneren Schritte des Ritus zu vollziehen. Wandlung ereignet sich, wenn wir uns Gottes Heilswirken öffnen und hingeben. So ist die Kommunion die Fortführung unserer Öffnung auf Gottes Liebe hin, indem sie uns tiefer mit der Lebenshingabe Jesu an den Vater verbindet. Denn in der Kommunion nimmt uns Jesus in sich auf. Kommunion heisst mehr und tiefer integriert werden in Jesus, in den lebendigen und auferstandenen Leib Jesus Christus. Er soll mehr in uns sein und durch uns wirken können.

Wieder wollen wir uns anhand der Emmausgeschichte in diese Heilswirklichkeit einführen lassen.

Emmausgeschichte

Wir lesen dazu weiter in der Emmausgeschichte:

«Und als er mit ihnen bei Tisch war, nahm er das Brot, sprach den Lobpreis, brach das Brot und gab es ihnen. Da gingen ihnen die Augen auf, und sie erkannten ihn; dann sahen sie ihn nicht mehr. Und sie sagten zueinander: Brannte uns nicht das Herz in der Brust, als er unterwegs mit uns redete und uns den Sinn der Schrift erschloß? Noch in derselben Stunde brachen sie auf und kehrten nach Jerusalem zurück» (Lk 24,30–33a).

Drei Aspekte dieses Textes wollen wir nun noch näher betrachten.

Im Essen eins werden

Miteinander essen bedeutet Gemeinschaft. Miteinander essen heisst, einander in die Augen schauen, einander begegnen, einander näher kommen. Sich voll Freude an den gleichen Tisch setzen, das können Gegner, Feinde und Zerstrittene nicht. Ihre innere Ablehnung, Verhärtung und Gegnerschaft lässt dies nicht zu. Miteinander essen kann man nur, wo zumindest Gesprächsbereitschaft und der Wunsch da ist, wieder mehr zueinander zu finden. Dabei spielt der Einladende, der Gastgeber, die Gastgeberin, eine bedeutende Rolle. Er kann Menschen versöhnen, ein Miteinander bewirken. Überraschenderweise ist Jesus hier der Gastgeber geworden. Denn Jesus gibt das Brot.

Jemandem zu essen geben ist ein Ausdruck von Liebe. Jemanden zum Essen einladen heisst: «Ich möchte Gemeinschaft mit dir haben. Du bist mir wichtig. Du bist mir wertvoll. Iss und trink, ich habe Freude, wenn es dir schmeckt und gut tut.» Im Essen wollen wir unsere Liebe geben. Und wir sehnen uns im Grunde nicht nur danach, Essen zu geben, sondern uns selbst, unsere Liebe den andern zu schenken, damit diese ihnen gut tut und sie damit aufleben.

Genau das tut Jesus. Er gibt sich selber. Er gibt alles, was er hat. «Esst und trinkt, das ist mein Leib, das ist mein Blut. Das bin ich für euch.» Jesus gibt sich selber als Speise und als Trank. Er gibt alles, was er hat. In ihm gibt uns Gott alles, was er hat. *«Er hat seinen eigenen Sohn nicht verschont, sondern ihn für uns alle hingegeben – wie sollte er uns mit ihm nicht alles schenken?» (Röm 8,32)* Das Geheimnis der Eucharistie ist das Geheimnis der sich selbst gebenden Liebe Gottes in Jesus Christus.

Warum tut Gott das? Warum macht sich Gott so klein, dass er in Jesus Christus nicht nur Mensch, sondern sich und seine Liebe in Brot und Wein Materie werden lässt? Wir können das nicht verstehen. Es ist das Geheimnis seiner Sehnsucht. Gott sehnt sich danach, in Jesus Christus mit uns ganz eins werden zu können. Gott will durch Jesus Christus nicht nur belehren, ermutigen, trösten und stärken, sondern er sehnt sich danach, eins zu werden mit uns. Das Wort, das am besten dieses Geheimnis der Liebe Gottes zum Ausdruck bringt, ist «Kommunion». Gott sehnt sich danach, in Jesus Christus mit uns in einer dauerhaften Liebe verbunden zu sein.

Treffend hat diese brennende Sehnsucht Gottes Jesus am Schluss des grossen Gebetes in Joh. 17,26 so zum Ausdruck gebracht: *«Ich werde deinen Namen* (deine bedingungslose Liebe) *bekanntmachen, damit die Liebe, mit der du mich geliebt hast, in ihnen ist und damit ich in ihnen bin.»* Die totale grenzenlose Liebe, mit welcher der Vater seinen Sohn liebt, soll in uns hineinkommen. Mit der Liebe, mit welcher der Vater alle Menschen und die ganze Schöpfung liebt, will er in uns sein. Diese Liebe ist der Himmel. Sie ist Glück, Freude, Leben in Fülle.

Neu sehen

Währenddem die beiden das Brot essen, das Jesus ihnen gibt, gehen ihnen auf einmal die Augen auf. Sie erkennen Jesus und zugleich sehen sie ihn nicht mehr.

So sind die beiden Jünger Jesu plötzlich wieder allein, scheinbar allein. Denn dieses Alleinsein ist anders als zu Beginn. Jetzt ist zwischen ihnen etwas geschehen, ein inneres Band ist geknüpft worden. Jesus Christus ist im Essen des Brotes in sie eingegangen. Er verbindet sie auf neue Weise. Die Liebe des Auferstandenen, die durch das Essen dieses Brotes in sie eingegangen ist, hat ihnen die Augen dafür geöffnet, dass sie nun zusammengehören. Sie gehören zusammen, weil einer in ihnen beiden da ist, der sie verbindet: Jesus Christus.

Aufbrechen zueinander

Das Essen des Brotes Jesus führte zur Erfahrung, dass sie in einer neuen tieferen und inneren Weise zusammengehören. Zufrieden hätten sie sich sagen können: «Schön, dass es so ist. Das genügt uns.» Doch das Essen dieses Brotes bewirkte in ihnen mehr. *«Noch in der gleichen Stunde brachen sie auf und kehrten nach Jerusalem zurück.»* Das Essen des Brotes Jesu stärkt und drängt sie, Gemeinschaft mit denen zu suchen, von denen sie sich getrennt haben. Kommunion ruft zur Gemeinschaft gerade mit denen, von denen wir uns getrennt und losgesagt haben. So gehen die beiden Jünger zu denen zurück, mit denen sie nichts mehr zu tun haben wollten.

Sie machen sich in der Dunkelheit der Nacht, ohne Taschenlampe, zu Fuss auf den Rückweg, der immerhin etwa elf Kilometer beträgt.

Kommunion mit Jesus führt zur Gemeinschaft mit den Menschen. Christliche Gemeinschaft ist nicht Freundschaft. Freundschaft wählen wir selber aus. Wir wählen nach Sympathie und Nutzen: die oder der bringt mir etwas, tut mir gut, bereichert mich. Bei der christlichen Gemeinschaft hingegen wählt Jesus aus. Er bringt die Menschen zusammen, die er möchte. Was sie verbindet, ist nicht

Sympathie, sondern die Liebe Jesu. Sein Geist ist das Band der Gemeinschaft.

In der Kommunion verbindet uns Jesus mit den Menschen, die er möchte. Nicht selten führt er Menschen zusammen, die eine Abneigung zueinander haben, einander enttäuscht und verletzt haben, gegen die Vorurteile da sind. Die Liebe Jesu will gerade da versöhnen, verbinden und ein neues Miteinander ermöglichen.

Ritushinweise

Das Ziel der Kommunion ist, eins zu werden mit der Liebe Jesu zu allen Menschen, eins mit der Liebe Jesu zu mir selber, eins mit der Liebe Jesu zur Schöpfung, eins mit der Liebe Jesu zum Vater. Dieses Einswerden ist nicht unsere Leistung, sondern Geschenk und Wirken seiner Gnade. Ein Geschenk will jedoch angenommen werden; denn Gnade kann auch verweigert werden. Es braucht unser Mittun. Und dazu will uns der Ritus helfen.

Nicht ich – sondern wir

Der erste Ritus der Herzensöffnung auf die Liebe Gottes hin ist das **Vater unser**. Es ist das Tischgebet der Familie des Volkes Gottes. Wir schauen weg von uns, hin auf den Vater. Bezeichnenderweise kommt in diesem Gebet kein einziges Mal das Wort «Ich» vor. Es geht um den Vater, um das Preisen seines Namens, um das Kommen seines Reiches, um seinen Willen. In diesem ersten Teil des Gebetes schaut der Mensch ganz auf den Vater.

Auch der zweite Teil enthält das Wort «Ich» nicht. Es geht demnach nicht darum, als Einzelperson etwas für sich zu empfangen, sondern dass wir als Gemeinschaft füreinander empfangen: Brot, Vergebung, Bewahrung und Rettung. Wir empfangen das auch dann von ihm, wenn wir Brot, Vergebung und Hilfe einander geben und voneinander empfangen. Das Vater unser ist das Gebet des Mit- und Füreinanders.

Das achte Sakrament

Die zentrale Bitte Jesu *«Vergib uns ... , wie auch wir vergeben ...»* wird im **Friedensgebet (Friedensgruss)** vertieft. Durch den Priester spricht der Auferstandene allen seinen Frieden zu: *«Der Friede des Herrn sei allezeit mit euch.»*

Diese Friedenszusage des Auferstandenen hat ihren Ursprung in dem für die Jüngerinnen und Jünger so bewegten Ostertag. Ihr Erleben ist geprägt vom eigenen Versagen. Sie haben Jesus, als er gefangen genommen wurde, im Stich gelassen. Einzig Petrus folgte Jesus noch nach und verleugnete ihn dann dreimal. Als Freunde haben sie alle versagt. Darum fühlen sie sich schuldig. Wenn wir einem Menschen gegenüber Schuld empfinden, drängen uns unsere Schuldgefühle ihm gegenüber auf Distanz. Wenn ein solcher Mensch uns begegnet, wechseln wir schnell die Strassenseite oder weichen ihm sonst wie aus.

In dieser Gefühlssituation befinden sich die Jünger, als Jesus überraschend zu ihnen kommt. *«Am Abend dieses ersten Tages der Woche, als die Jünger aus Furcht vor den Juden die Türen verschlossen hatten, kam Jesus, trat in ihre Mitte und sagte zu ihnen: Friede sei mit euch! Nach diesen Worten zeigte er ihnen seine Hände und seine Seite. Da freuten sich die Jünger, daß sie den Herrn sahen. Jesus sagte noch einmal zu ihnen: Friede sei mit euch! Wie mich der Vater gesandt hat, so sende ich euch. Nachdem er das gesagt hatte, hauchte er sie an und sprach zu ihnen: Empfangt den Heiligen Geist!» (Joh 20,19–22)*

Verblüffenderweise ist sein erstes Wort nicht ein Wort des Vorwurfes: «Warum habt ihr mich allein gelassen?» sondern *«Friede sei mit euch» (Joh 20,19).* Friede, das heisst, es ist alles gut, ich habe euch vergeben, ich trage euch nichts nach. Die Jünger können dies kaum glauben. Darum *«sagte Jesus noch einmal zu ihnen: Friede sei mit euch» (Joh 20,21a).*

Frieden, hebräisch «Schalom», meint mehr als nur Waffenstillstand. Schalom ist umfassendes Heil. Schalom ist Fülle des Lebens. Im Zusprechen *«Der Friede sei mit euch»* bewirkt und schenkt Jesus Verzeihung und Frieden. In diesem Wort kommt sein Friede auf uns zu.

Als spontane Reaktion wäre ein Danke möglich, im Sinne von: «Schön, dass du mir das gibst. Jetzt kann ich getrost und friedlich meines Weges weitergehen.» Doch diese Haltung würde uns nicht für die Kommunion öffnen. Echte Dankbarkeit und das Zeichen, dass ich seine Vergebung und seinen Frieden annehme, zeigt sich erst im Weitergeben. Darum sagt Jesus: «*Wie mich der Vater gesandt hat, so sende ich euch*» *(Joh 20,21b).* Wie ich das Vergeben, das Verzeihen Gottes bringe, so seid ihr aufgefordert und gesandt, den Frieden und die Vergebung weiter zu tragen.

«*Empfangt den heiligen Geist!*» Empfangt meine Entschiedenheit zum Frieden. Empfangt meine Liebe zu allen, meine Kraft zu vergeben. Hier zählen nicht die Gefühle, sondern die Entscheidung meines Willens und die darauf folgenden Taten. «*Liebe deinen Nächsten wie dich selbst*» und «*Liebe deine Feinde*» sind keine Appelle an Gefühle, sondern Handlungsanweisungen. Tu dem etwas Gutes, der dich vielleicht verletzt hat, mit dem du vielleicht Mühe hast. Tu etwas Gutes, auch wenn verletzte Gefühle da sind. Dann kann die Gnade Jesu Christi wirken, die Gefühle wandelt und Wunden heilt.

Im Friedensgruss bewirkt Jesus Frieden. Nun kann ich aber den Friedensgruss nicht allen in der Kirche geben. Darum gebe ich ihn einigen Umstehenden stellvertretend für alle. Denn entscheidend ist die Gesinnung: Ich will, dass der Friede und die Liebe Jesu durch mich zu allen kommt. Beim Friedensgruss geht es nicht um Sympathie, das heisst, denen, die mir sympathisch sind, gebe ich den Friedensgruss und die anderen lasse ich links liegen. In dieser Haltung trennt der Friedensgruss, und die mir weniger sympathischen Menschen fühlen sich ausgeschlossen. Im Gegenteil, richtiger wäre, zuerst auf diejenigen zuzugehen, die mir nicht bekannt oder weniger sympathisch sind.

Kurt Gartner nennt, in Anlehnung an den grossen Theologen Thomas von Aquin, den Friedensgruss auch das achte Sakrament, weil in ihm und durch ihn der Auferstandene Frieden bewirkt und Beziehungen heilt. Beziehungen heilen nicht augenblicklich. Jedoch können wir uns in einem Augenblick für den Weg der Versöhnung, den Weg des Mit- und Füreinanders entscheiden: Ich will den Weg der Liebe, des Verzeihens gehen. Ich gebe dir die Hand. Ich entscheide mich dafür, trotz anderer Gefühle.

Sein Erbarmen verbindet

Der nächste Vorbereitungsritus ist das **Brotbrechen**. Brotbrechen ist die erste Bezeichnung für die Eucharistie. In der Apostelgeschichte wird sie einfach Brotbrechen genannt. Warum? Einerseits ereignet sich im Brotbrechen zeichenhaft die Liebeshingabe Jesu. Wie dieses Brot gebrochen und verteilt wird, so bricht Jesus sein Leben für uns. Diese Liebe, die sich zerbrechen lässt, bewirkt Gemeinschaft. *«Ist das Brot, das wir brechen, nicht Teilhabe am Leib Christi? Ein Brot ist es. Darum sind wir viele ein Leib: denn wir alle haben teil an dem einen Brot» (1 Kor 10,16b-17).* Wenn wir alle einen Teil des Brotes Jesu in uns aufnehmen, dann verbindet uns dieses Brot Jesu. Seine Liebe – und nicht Sympathie, moralisches Gutsein, Gaben oder Leistungen – verbindet die Jüngerinnen und Jünger und macht sie eins.

Das Brechen des Brotes hat früher längere Zeit in Anspruch genommen, denn der eine Brotlaib (Brotfladen) wurde in so viele Einzelteile gebrochen wie Gläubige da waren. Damit wurde sichtbar: Wir alle empfangen von dem einen Brot Jesu Christi und werden durch ihn ein Leib. Dazu wurde so lange das **Lamm Gottes-Gebet** gebetet, wie das Brechen des Brotes dauerte. Lamm Gottes, du nimmst auf dich – und so hinweg – die Sünde, Schuld, Not, Krankheit, Elend der Welt: Erbarme dich unser! Dieses Gebet ist ein grosser Trost, denn oft schaffen wir es nicht, uns ganz für den Frieden zu entscheiden. Wir erleben schmerzhaft unsere Grenzen, unsere Blockaden, unsere Schwäche, unser Unvermögen. Diese Mängel und unsere Wunden dürfen wir in diesem Gebet in sein Erbarmen hineinlegen. Dieses Erbarmen öffnet uns nun für den Empfang der heiligen Gaben.

Wertschätzung und Vertrauen

Dann zeigt der Priester das gebrochene Brot, den hingegebenen Leib Jesu. Er sagt: *«Seht, das ist das Lamm Gottes, das hinweg nimmt* (auf sich nimmt) *die Sünde* (alles Negative) *der Welt.»* Wir antworten mit dem leicht abgeänderten Wort des heidnischen Hauptmannes: *«Herr, ich bin nicht würdig, dass du eingehst unter mein Dach, aber sprich nur ein Wort, so wird meine Seele gesund.»*

Der Hauptmann, wie die Erzählung im Evangelium (vgl. Mt 8,5–13) zeigt, spürt: Dieser Jesus ist ein besonderer Mensch. In ihm handelt Gott. In ihm ist Gott da. Er hat eine viel grössere Würde. So geht er zu ihm und bittet um die Heilung seines Dieners, der zuhause krank darnieder liegt. Als Jesus die Bereitschaft erklärt, in sein Haus zu kommen, bezeugt der Hauptmann seine Wertschätzung und sein Vertrauen: «Herr, ich bin es nicht wert, dass du in mein Haus, in das Haus eines Heiden kommst. Aber sprich nur ein Wort und mein Diener wird gesund.» Er begründet dann diese Aussage: «Ich, als Hauptmann, habe Soldaten unter mir. Wenn ich jemandem sage: Tu das, so tut er es. Und so, wie ich Befehlsgewalt über die Soldaten habe, so hast du Befehlsgewalt über alle Krankheiten. In dir ist eine solche Macht und Kraft da.» Jesus staunt über diesen Glauben des Hauptmannes, an die Kraft seines Wortes: *«Amen, das sage ich euch: Einen solchen Glauben habe ich in Israel noch bei niemand gefunden.» (Mt 8,10b)* Dann fügt er hinzu: *«Geh! Es soll geschehen, wie du geglaubt hast» (Mt 8,13b).*

Wenn wir vor dem Empfang des Leibes und Blutes Jesu dieses Gebet in leicht abgeänderter Form beten, dann geht es um die Haltung des Hauptmannes: Wertschätzung und Vertrauen. Wir bekennen: Was uns jetzt geschenkt wird, ist ein unverdienbares Geschenk, über das wir nur staunen und uns freuen können. Ein Geschenk ist ein Geschenk. Wir haben kein Recht und keinen Anspruch auf dieses Geschenk. Das macht es so wertvoll. Das Gebet ist so einerseits Ausdruck unserer Wertschätzung über das Geschenk der **Kommunion**. Andererseits ist es der Ausdruck unseres Vertrauens: «Komm zu mir, sprich das Kranke, das Unheile, das Verhärtete in mir an. Sprich nur ein Wort. Du kannst mich wandeln. Ich vertraue auf deine Macht, auf dein Wirken, auf deine Gnade. Du kannst mich und all meine Beziehungen heil machen.»

Leib Jesu werden

«Der Leib Christi», sagt dann die Kommunionspenderin, der Kommunionspender beim **Kommunionempfang**. Wir antworten: *«Amen»*. Dieses Amen heisst einerseits: Ich glaube, dass ich Jesus Christus, sein Leben, seine Liebe, empfange, und andererseits: Ich bin bereit, mich mehr und mehr in seinen Leib integrieren zu lassen, und so Leib, Liebe Jesu zu werden.

«Ich gehe zur Kommunion», sagen wir dem oft. Doch eigentlich ist es umgekehrt. Im Grunde nehme nicht ich Jesus in mich auf, sondern Jesus nimmt mich in sich auf und integriert mich in seinen Leib. Er nimmt mich hinein in die Bewegung seiner Liebe. So essen wir in der Kommunion nicht etwas. Wir empfangen nicht ein Heiliges Brot, sondern das Leben des Auferstandenen, das nun mehr durch uns – seinen Leib, die Kirche – pulsieren möchte.

Wenn der Priester zuerst die Kommunion empfängt, bezeugt er damit, dass er die Einladung – sich in den Leib des Auferstandenen hinein wandeln zu lassen und Leib des Auferstandenen zu sein – annimmt und der Gemeinde darin vorangeht.

Die Nähe Jesu zu allen annehmen

Die folgende **Danksagungsstille** dient ganz dieser Integrierung in den Leib Jesu Christi. Jesus möchte uns wandeln. Er will aktiv werden. Darum ist jetzt die entscheidende Frage: Was möchtest **Du Jesus** in mir und an mir tun? Was möchtest **Du Jesus** mir geben? Was möchtest **Du Jesus** in mir wandeln, damit ich mehr so werde, wie **Du** mich haben möchtest?

Weiter kann die Danksagungsstille Annehmen, Geniessen und Wirkenlassen bedeuten. Dabei geht es darum, immer zuerst auf ihn zu schauen, der uns in sich aufgenommen hat. Annehmen heisst innerlich wahrnehmen, dass er in allem, was uns freut, was uns plagt, was uns bewegt, mit uns ist. Wir dürfen über unserem Leben, mit unseren Schwächen und Fehlern, unserem Scheitern, unserer Vergangenheit, unseren Enttäuschungen, seinen Frieden annehmen. Wir können seinen Mut, seine Kraft, seine Entschiedenheit, sein Vorangehen und seine Stärke annehmen für die Situation, in der wir gerade sind. Wir dürfen auf seine Kraft bauen, uns auf sie abstützen. Es ist gut, hier ganz konkret Jesus und sein Handeln in eine bestimmte Lebenssituation oder Haltung hereinzunehmen.

Wir dürfen weiter annehmen und glauben, dass wir im Tiefsten eins geworden sind mit allen, die ihn jetzt auch empfangen haben, noch mehr: Eins mit allen Menschen. Auf der Ebene der Gefühle sind wir einander vielleicht noch unsympathisch, wir haben einen unterschiedlichen Geschmack, wir mögen einander nicht. Auf der Ebene des Verstandes haben wir vielleicht noch verschiedene Meinungen und bekämpfen uns. Das ändert sich auch mit der Kommunion nicht. Doch im Tiefsten sind wir alle in Jesus eins geworden. Wir dürfen seine Liebe in die gespannten, verletzten, schwierigen Beziehungen hinein annehmen und vertrauen, dass die Kraft seiner Liebe die Gefühlssperren und die Gedanken, Widerstände und inneren Wunden heilen und überwinden kann.

Weiter dürfen wir in der Danksagungsstille die Gegenwart Jesu auskosten, so wie wir die Strahlen der Sonne geniessen. Während wir ein gutes Essen mit unseren Sinnen geniessen, geht es hier um ein innerliches, geistiges Geniessen, das wir mit unseren Gefühlen vielfach nicht wahrnehmen. Und dennoch geschieht in uns Wandlung, Sättigung, Befriedigung.

In der Danksagungsstille dürfen wir Jesus in uns und an uns handeln lassen. Wir können ihm alle unerlösten Bereiche, Spannungen, Verhärtungen, Wunden hinhalten, damit er diese aufbreche, durchdringe, wandle und heile. Unser Geist, unser Körper, unsere Gefühle, unser Unbewusstes, unser Frau-Sein, unser Mann-Sein usw., ja unser ganzes Sein soll von ihm so durchdrungen und gewandelt werden, dass seine Liebe und sein Friede durch alles hindurchstrahlt.

Und so wie die Emmaus-Jünger durch den Empfang des Brotes begonnen haben, Jesus neu zu sehen, so will die Kommunion in ein neues, geistgewirktes Sehen hineinführen. «Ein alter Rabbi fragte einst seine Schüler, wie man die Stunde bestimmen kann, in der die Nacht endet und der Tag beginnt. 'Ist es, wenn man von weitem einen Hund von einem Schaf unterscheiden kann?' fragte einer seiner Schüler. 'Nein', sagte der Rabbi. 'Ist es, wenn man von weitem einen Dattel- von einem Feigenbaum unterscheiden kann?' fragte ein anderer. 'Nein', sagte der Rabbi. 'Aber wann ist es denn?' fragten die Schüler. 'Es ist dann, wenn du in das Gesicht irgend eines Menschen blicken kannst und in ihm deine Schwester oder deinen Bruder erkennst.» [5]

Das will Kommunion bewirken: eine neue Nähe zu allen Menschen, Geschwisterlichkeit und Solidarität mit allen Menschen. Es ist das Einswerden mit der Liebe Jesu zu allen Menschen, mit der Liebe Jesu zu Gott, mit der Liebe Jesu zu uns selber und mit der Liebe Jesu zur ganzen Schöpfung. Dieses Einswerden ist Erlösung. Da leuchtet mehr und mehr die Herrlichkeit Gottes in uns und durch uns auf und wir finden zum grössten Glück, das möglich ist.

Meditation: «Friede sei mit euch!»

Was wir auf dem Bild des Isenheimer Altars von Matthias Grünewald sehen, ist Realität. Der Auferstandene ist macht- und kraftvoll da. Licht und Wärme umgibt ihn und strömt ins ganze Universum aus. Er erfüllt das ganze Universum mit seiner Gegenwart. So sind am Rande noch einige Sterne sichtbar. Er schwebt. Er ist der Erdenschwere enthoben. Ruhe und grosser Friede strömt von seinem Gesicht aus. Das strahlende Gesicht macht das Gewand ganz hell. Es bringt Licht ins Universum.

Liebevoll schaut er alle – Sie und mich – an. Die Arme sind weit ausgebreitet. Seine Todeswunden sind deutlich sichtbar. Doch auch durch sie strahlt Licht durch. Das ist das Geheimnis der Wandlung: Die Todeswunden werden zu Lebens- und Segensquellen. *«Durch seine Wunden seid ihr geheilt» (1 Petr 2,24b).* Seine Wunden wandeln und heilen – auch heute!

Gleichgültig, welche Schuld wir auch auf uns geladen haben, gleichgültig, wie unsere Vergangenheit aussieht: Er spricht uns seinen Frieden, sein Verzeihen, zu: *«Friede sei mit euch!»* Schaut nicht mehr auf die Vergangenheit, sondern auf mich. Ich bringe euch Schalom, Frieden. Nehmt meinen Frieden an: meinen Frieden über euren Enttäuschungen und Wunden; meinen Frieden über eurem Versagen; meinen Frieden über euren Zweifeln; meinen Frieden über eurem Sterben. Lasst euch ganz von meinem Frieden erfüllen und durchströmen.

Weiter sagt er: Wie mich der Vater gesandt hat, Frieden und Liebe zu bringen, so sende ich euch, das Empfangene allen weiterzugeben. Wem möchte ich das Verzeihen und den Frieden Jesu Christi neu zusprechen? Ich kann das laut tun, denn das laut ausgesprochene Gebet kann die Wirksamkeit vertiefen.Vielleicht ist es angebracht, in einem konkreten Zeichen (Brief, Bitte um Vergebung, ...) den Frieden Jesu Christi weiter zu geben.

Würdig kommunizieren !

Heute gehen viele gewohnheitsmässig zur Kommunion. Bei besonderen Festtagen – an Weihnachten, Ostern, bei der Erstkommunion, ... – wer läuft da nicht alles nach vorne, einfach weil es auch die anderen tun? Keine Frage, dass hier einiges problematisch ist. Und wir? Wie sieht unsere Praxis aus? Wissen wir, was wir tun, wenn wir die Kommunion empfangen? Wann empfangen wir würdig oder unwürdig die Heilige Kommunion?

Bedenkt, «dass es der Leib des Herrn ist»

Die früheste schriftliche Überlieferung der Eucharistiefeier, anfangs 50 n. Chr. im ersten Korintherbrief, bringt bereits dieses Thema zur Sprache: *«Was ihr bei euren Zusammenkünften tut, ist keine Feier des Herrenmahls mehr; denn jeder verzehrt sogleich seine eigenen Speisen, und dann hungert der eine, während der andere schon betrunken ist. Könnt ihr denn nicht zu Hause essen und trinken? Oder verachtet ihr die Kirche Gottes? Wollt ihr jene demütigen, die nichts haben? Was soll ich dazu sagen? Soll ich euch etwa loben? In diesem Fall kann ich euch nicht loben» (1 Kor 11,20–22).*

In dieser frühen Zeit war die Eucharistiefeier mit dem Essen verbunden, beziehungsweise, die Eucharistie war das grosse Essen, in dem alle zusammen kamen, die zur Gemeinde Jesu gehörten. Doch Paulus muss in Korinth sagen: Wenn ihr so miteinander umgeht, dass die Reichen viel und die Armen fast nichts zu essen erhalten, hat das nichts mehr mit dem Herrenmahl zu tun.

Warum? Was ist charakteristisch für das Herrenmahl?

Es ist Tatsache, dass Jesus die Gleichwertigkeit der Menschen aller Schichten betont hat. Darum ass er auch mit allen Menschen seines Volkes: ein revolutionäres Unterfangen, das ihm viel Ärger und Schwierigkeiten bescherte. Diese Gleichwertigkeit bewirkte ein neues Miteinander. Wir können das auch eine neue Sozialordnung nennen. Dieses neue Miteinander brauchte nun ein starkes Symbol, einen Ort, wo dies gefeiert wurde und eine Quelle, die immer neu zu diesem neuen Miteinander inspirierte und befähigte. Dies hatten die Jünger im Herrenmahl gefunden. So wurde im Laufe der Zeit die Eucharistiefeier das sichtbare Symbol, welches das Besondere ihrer Gemeinschaft und ihrer Beziehungen zueinander darstellte. Das gebrochene Brot und der ausgeteilte Wein wurde nicht nur zum hingegebenen Leib und vergossenen Blut Jesu, sondern ebenso zu ihrem Leib und ihrem Blut, das sie für die Schwestern und Brüder hingaben.

Die Feier der Eucharistie als Feier eines neuen Mit- und Füreinanders muss, so betont Paulus, unbedingt eingehalten werden. *«Jeder soll sich selbst prüfen; erst dann soll er von dem Brot essen und aus dem Kelch trinken. Denn wer davon ißt und trinkt, ohne zu bedenken, daß es der Leib des Herrn ist, der zieht sich das Gericht zu, indem er ißt und trinkt» (1 Kor 11,28–29).*

«Leib des Herrn» ist doppelsinnig. Die Bezeichnung bedeutet Jesus selber im eucharistischen Brot zu erkennen und zugleich die versammelte Gemeinde als *«Leib des Herrn»* zu ehren. *«Ihr aber seid der Leib Christi, und jeder einzelne ist ein Glied an ihm» (1 Kor 12,27).* Wir versündigen uns also am Leib des Herrn, wenn wir die Kommunion empfangen ohne an die personale Gegenwart Jesu darin zu glauben oder die anderen Mitfeiernden wie Luft behandeln.

«Ich habe euch ein Beispiel gegeben»

Gut 20 Jahre später sieht sich der Evangelist Lukas vor ähnlichen Fragen. Für ihn ist die Eucharistie das Mahl des neuen Miteinanders im Reich Gottes. Der Kelch des Bundes ist der Bund der Liebe und der Hingabe aneinander, in dem sich der Bund Jesu Christi verwirklicht. Doch wie kann man ehrlich aus dem gleichen Becher trinken, wenn man miteinander in Konkurrenz steht, besser als die andern sein will oder eigene Wege der Gemeinschaft vorzieht?

Darum schliesst Lukas direkt an den Bund des Liebesblutes die Frage an den Verrat an. *«Dieser Kelch ist der Neue Bund in meinem Blut, das für euch vergossen wird. Doch seht, der Mann, der mich verrät und ausliefert, sitzt mit mir am Tisch. Der Menschensohn muß zwar den Weg gehen, der ihm bestimmt ist. Aber weh dem Menschen, durch den er verraten wird. Da fragte einer den andern, wer von ihnen das wohl sei, der so etwas tun werde» (Lk 22,20b–23).*

Gut 40 Jahre nach dem Tode Jesu – vergleichen Sie, was vor 40 Jahren in Ihrem Umkreis war – geht es nicht mehr um den historischen Judas. Vielmehr um die Frage: Bin ich ein Judas, ein Verräter, eine Verräterin? Trinke ich zwar aus dem Kelch des Bundes, verrate jedoch diesen Liebesbund in meiner Lebenspraxis? Judas ist das

Zeichen für all die Menschen, die das Brot Jesu essen, und aus dem Kelch des Bundes trinken, dann aber genau das Gegenteil tun. Sie separieren sich. Sie trennen sich von Jesus und von der Gemeinschaft.

Mit dem Hinweis auf den Verräter ist für Lukas die Frage noch nicht abgeschlossen. Bewusst fügt er in diesem Zusammenhang die folgende Begebenheit an: *«Es entstand unter ihnen ein Streit darüber, wer von ihnen wohl der Größte sei. Da sagte Jesus: Die Könige herrschen über ihre Völker, und die Mächtigen lassen sich Wohltäter nennen. Bei euch aber soll es nicht so sein, sondern der Größte unter euch soll werden wie der Kleinste, und der Führende soll werden wie der Dienende. Welcher von beiden ist größer: wer bei Tisch sitzt oder wer bedient? Natürlich der, der bei Tisch sitzt. Ich aber bin unter euch wie der, der bedient» (Lk 22,24–27).*

Im griechischen Sprachverständnis jener Zeit sind *«der Grösste»* und *«Führende»* Amtsbezeichnungen. Diese haben ihre Aufgabe als Dienst zu sehen und als Dienst zu leben. Denn Rangunterschiede, ein höher und tiefer, ein oben und ein unten gibt es im Reich Gottes nicht mehr. Die Rangunterschiede sind weggefallen. Jesus selber, der Herr und Meister, ist in der Fusswaschung der Dienende, der Unterste geworden. Und dieser sagt: *«Wenn nun ich, der Herr und Meister, euch die Füße gewaschen habe, dann müßt auch ihr einander die Füße waschen. Ich habe euch ein Beispiel gegeben, damit auch ihr so handelt, wie ich an euch gehandelt habe» (Joh 13, 14–15).*

Das ist die Haltung, die dem Empfang, dem Essen der Eucharistie, entspricht. Und bewusst wird dies hier den Amtsträgern und den Vorgesetzten gesagt. Weil die Amtsträger immer in Gefahr sind, ihre Vorstellungen den andern überzustülpen. Nur zu leicht geht man von den Vorstellungen und Erwartungen der Kirche aus, anstatt von der Situation der Menschen. Institutionen können sehr lieblos sein, wenn sie nicht von den Fragen, Nöten, der Situation der konkreten Menschen ausgehen. Es kann aber heute auch umgekehrt sein, dass die Leitenden, die Amtsträger der lieblosen Kritik ausgesetzt sind. Das ist dann eine andere Form von «Obenherab». Etwa im Sinne: «Ich weiss es halt besser. So wie ich es sehe, sollte es sein.» Dienst, Verantwortung wahrzunehmen kann sehr oft auch eine Last sein.

Würdig kommunizieren heisst, mein eigenes Leben von der Lebenshingabe Jesu Christi betreffen zu lassen. Das kann bedeuten, die eigenen Bedürfnisse vorerst zurückzustellen, das Leben der anderen zu achten, darauf einzugehen und diesem zu dienen. Es kann auch heissen, Verantwortung für die Gemeinschaft zu übernehmen und Aufgaben anzunehmen, die mir das Leben schwerer machen.

In Einheit mit der Kirche

Später hat die Eucharistiefeier in der Urkirche mehr und mehr Regeln erhalten. Justin der Märtyrer (gest. 167 n. Chr.) erwähnt drei Bedingungen für den Kommunionempfang: als Erstes erwähnt er, dass der Gläubige «unsere Lehren für wahr» halten muss. Ferner muss er getauft sein (das heisst zur Kirche gehören) und drittens muss er nach den Weisungen Jesu Christi leben.[6]

Überraschenderweise betont er als Erstes die innere Übereinstimmung mit der Lehre der Kirche. Die Eucharistiefeier ist demnach Feier des gemeinsamen Glaubens. Dem folgend hat die römisch-katholische Kirche neben den bereits erwähnten Kriterien für den richtigen Empfang der Eucharistie immer auch die Verbundenheit mit dem Glauben der Gesamtkirche betont. Zum würdigen Kommunionempfang gehört demnach auch das Bemühen, den Glauben der Kirche zu verstehen und zu teilen.

Konkret

Liebe Leserin, lieber Leser

Der Weg der Wandlung geht Schritt für Schritt. Schritte wollen vollzogen sein. Daher ermutige ich Sie, wiederum zur Vertiefung zum Begleitheft zu greifen.

6. Sendung

Schritt für Schritt sind wir bis jetzt den Weg gegangen. Dabei wurden wir zu verschiedenen Wandlungsschritten eingeladen. Mit der Kommunion ist jedoch das Ziel noch nicht erreicht. Das Sich-Öffnen für das Einströmen der wandelnden Liebe Gottes, das Einswerden mit der Hingabe Jesu an den Heilswillen des Vaters vollendet sich in der Sendung. Hier, in der Sendung, vollenden sich die Wandlungsschritte. Bevor wir dies im letzten Teil des Ritus vertiefen wollen, werfen wir zuerst einen Blick auf den bisherigen Weg.

Meditation: Es gibt Hoffnung für alle

Dieses Bild von Sieger Köder zeigt den Weg der Wandlung der beiden Emmaus-Jünger. Es zeigt drei Phasen des Wandlungsweges. Dieser Weg beginnt links mit den zwei Männern mit fragenden Gesichtern. Sie suchen Antworten in einem Buch. Warum tun sie das? Was ist geschehen? Der dunkle Hintergrund auf der **linken Seite** zeigt dies. Es ist Nacht geworden; Nacht nicht nur am Himmel, sondern auch in ihren Herzen. Sie hatten ganz auf Jesus von Nazaret gesetzt. Von ihm waren sie begeistert, ja ergriffen. Seinetwegen haben sie alles verlassen. Er gab ihnen Leben, Hoffnung und Zukunft. Nun ist all das zerbrochen, zerstört.

Auf dem Hügel von Golgata stehen noch die Kreuze. Sie ragen in den dunklen, blutroten Himmel hinein. Die Sonne ist ein finsterer Fleck geworden. Die Leitern lehnen noch am Kreuz Jesu. Die Soldaten haben ihre schreckliche Arbeit getan. Die toten Körper sind den Tieren zum Frass vorgeworfen worden. Der Leichnam Jesu von Freunden in ein Grab gelegt. Ein Ort des Schreckens und Grauens, ein Ort zerstörter Hoffnungen und des Todesgeruches.

Da kennen die Jünger nur noch eines: Weg von diesem Ort. Weg von diesem Jerusalem. Weg von diesen schmerzenden Erinnerungen. So sind sie unterwegs, Jerusalem den Rücken zugekehrt, innen und aussen dunkel. Als zwei schattenhafte Gestalten sind sie unterwegs, traurig und resigniert. Eine dritte Gestalt geht mit ihnen. Licht geht von ihm, von seinem Kopf aus. Dieser Dritte spricht sie an. Die zwei sind erstaunt und erleichtert. Alles, ihre Not, ihren Schmerz

und ihre Resignation können sie ihm sagen. Es tut gut, einem Aussenstehenden alles anvertrauen zu können.

Dann spricht dieser Fremde zu ihnen. Er spricht von den grossen Zusammenhängen der Heilsgeschichte, von Mose und den Propheten. Alte und längst bekannte Geschichten, und dennoch bewegt sich etwas in ihnen. Haben diese Geschichten nicht mit ihrem Leben, ihren Enttäuschungen zu tun? Licht fällt auf ihr Gesicht von dem, den sie nicht kennen. Seine Worte lassen ahnen, dass sich auch hinter ihrer Katastrophe ein Sinn verbergen könnte. Diese Ahnung erfüllt ihr erstarrtes Herz mit neuem Leben. *«Brannte uns nicht das Herz in der Brust, als er unterwegs mit uns redete und den Sinn der Schrift erschloss?»*

Das Sein dieses Fremden und seine Worte sind Balsam für die beiden. Es löst ihre Verkrampfungen. Ihr Horizont öffnet sich. Sie können wieder freier atmen. So ist der Fremde ihnen vertraut und lieb geworden. So haben sie ihn eingeladen. *«Bleib doch bei uns.»*

In der Szene in der **Bildmitte** ist er bei ihnen. Überraschend ist er ihr Gastgeber geworden. Doch der Platz des Gastgebers in der Mitte ist leer, besser, ganz vom Licht erfüllt. Dieses Licht fällt auf den Tisch, auf Brot und Wein. Es erhellt die beiden Jünger und die verschiedenen Schriften, welche das Leben Jesu deuten. Links ein Zitat von Platon: *«Die, welche die Ungerechtigkeit vor der Gerechtigkeit lieben, sagen aber dies, dass der Gerechte gefesselt, gegeisselt, gefoltert, geblendet an beiden Augen werden wird, und zuletzt, nachdem er alles mögliche Übel erduldet, wird er noch gekreuzigt werden.»* Daneben im Vordergrund steht in der geöffneten Schriftrolle aus dem vierten Gottesknechtlied des Propheten Jesaja: *«Unserer Sünden wegen wurde er durchbohrt und unserer Vergehen wegen geschlagen.»* In der Mitte steht der Kernsatz der Emmausgeschichte: *«Mußte nicht der Christus alles das erleiden und dann so in seine Herrlichkeit eingehen?» (Lk 24,26).*

Die Schriften und die Erfahrung des Auferstandenen haben den beiden Jüngern die Augen geöffnet. Sie sind betroffen von seiner Gegenwart. Sie erkennen ihn in neuer Weise. Der eine Jünger hält, ganz in sich versunken, ein Stück Brot in der Hand. Er ahnt, dass er im Brot den in der Hand hält, der sein Leben hingab für die Menschen. Der andere hält den Becher mit Wein in der Hand, das Blut – das Leben – Jesu, das die Menschen heilt, erlöst und verbindet. Aller Segen geht von diesem Leben aus. Darum hat er die rechte Hand zum Segen erhoben.

Durch das Essen des Brotes Jesu, durch die Kommunion, fangen sie an, mit neuen Augen zu sehen. Nun wissen sie: Jesus lebt! Aber er lebt anders, in einer anderen Art. Er lebt nicht mehr als der begeisternde und selbstsichere Prediger und Heiland von Nazaret. Er lebt nicht mehr in seinem irdischen Körper. Er lebt vielmehr in ihnen. Er lebt als Liebe, als Freude, als Kraft, als Begeisterung in ihnen. Damit nehmen sie etwas Neues in sich wahr, eine innere Führung und einen Auftrag. Jesus in ihnen drängt, bewegt und lockt sie. Denn sie haben etwas erlebt, von dem sie spüren: Das muss weitergegeben werden.

Es ist die Erfahrung: Das Leben mit den vielen Enttäuschungen und Leiden ist nur die eine Seite, die schmerzhafte, tragische Seite unseres Lebens. Mitten darin ist jemand geheimnisvoll gegenwärtig, ein Fremder, den wir nicht kennen. Er begleitet uns und lässt über allem Dunklen einen ungeahnten Sinn, die Sonne eines neuen Horizontes aufgehen. Dadurch gibt es Hoffnung, Hoffnung für jeden Menschen. Es gibt Hoffnung für jede, wirklich für jede Situation: denn Jesus lebt! Die beiden spüren, das muss unbedingt allen gesagt werden. Das dürfen sie nicht für sich allein behalten. Die andern Menschen, ihre Freunde, alle müssen das wissen.

So machen sie sich – dargestellt auf der **rechten Bildseite** – auf den Weg in der Dunkelheit der Nacht. Bei Tageslicht sind sie von Jerusalem mit verdunkelten Herzen aufgebrochen. Jetzt, in der Dunkelheit der Nacht, rennen sie mit erleuchteten Herzen zurück nach Jerusalem. Der eine trägt in der Hand eine Osterkerze, Sinnbild des Auferstandenen. Der andere hält mit beiden Händen blühende Zweige in die Höhe. Allen will er sagen: durch ihn fängt das scheinbar tote Leben neu zu blühen an.

Emmausgeschichte

Diesem letzten Teil wenden wir uns noch genauer zu.

«Und als er mit ihnen bei Tisch war, nahm er das Brot, sprach den Lobpreis, brach das Brot und gab es ihnen. Da gingen ihnen die Augen auf, und sie erkannten ihn; dann sahen sie ihn nicht mehr. Und sie sagten zueinander: Brannte uns nicht das Herz in der Brust, als er unterwegs mit uns redete und uns den Sinn der Schrift erschloß? Noch in derselben Stunde brachen sie auf und kehrten nach Jerusalem zurück, und sie fanden die Elf und die anderen Jünger versammelt. Diese sagten: Der Herr ist wirklich auferstanden und ist dem Simon erschienen. Da erzählten auch sie, was sie unterwegs erlebt und wie sie ihn erkannt hatten, als er das Brot brach» (Lk 24,30–35).

Nach Jerusalem zurückzukehren ist nicht ungefährlich, denn die Jünger wissen, dass dieselben Leute, die Jesus umgebracht haben, auch sie umbringen können. Ja, ihre Rückkehr könnte sie unter Umständen das Leben kosten. Aber sie haben jetzt keine Angst, denn der Auferstandene hat sie mit einer Liebe erfüllt, die stärker ist als der Tod. So kann sie nichts mehr vom Heimkehren zurückhalten. Nun sind sie fähig, in aller Freiheit Zeugen der Auferstehung Jesu zu sein, koste es, was es wolle.

Genau das will die Kommunion bewirken. Koste es, was es wolle – inspiriert vom Auferstandenen im Herzen – zu den Menschen zu gehen. Wir sind gesandt, um ihnen die Liebe Jesu und die Kraft seiner Hoffnung zu bringen. So schliesst die Eucharistiefeier mit einer Sendung. Die Worte: *«Geht hin in Frieden»*, mit denen der Priester die Messe beendet, heissen im Lateinischen: «Ite, missa est.» Das heisst wörtlich übersetzt: «Geht, jetzt ist Sendung.» Die Kommunion ist also nicht das Ende. Mit ihr beginnt vielmehr die Sendung, die Mission.

Jetzt ist Sendung

Das Glück der Kommunion ist also nicht dazu da, dass wir diese geistliche Intimität nur für uns selber geniessen und als Geheimnis für uns behalten. Nein, wer dieses Geheimnis der Liebe Jesu in sich aufnimmt und sich ihr hingibt, der wird von dieser seiner Liebe in ihm gedrängt zu leben, wie er gelebt hat. Er wird gedrängt, zu den Schwestern und Brüdern zu gehen.

Genau wie Maria von Magdala am Ostermorgen, so haben auch die beiden tief in ihrem Innern die Aufforderung vernommen: «Geht zu meinen Brüdern und Schwestern und sagt ihnen, was ihr erlebt habt.» Mit dieser Sendung schliesst die Eucharistiefeier: «Geht und sagt es allen, dass es nichts gibt, wovor sie Angst haben müssen. Geht und lasst alle wissen, dass er auferstanden ist, dass er wirklich lebt, und dass durch ihn alles, alles neu und gut wird! Ite, missa est, geht, jetzt ist Sendung.»

Gehen heisst, Schritte zum andern hin zu tun. Gehen heisst, selber aktiv werden. Gehen heisst, zu überlegen: Wo hat mich heute jemand nötig, bei wem sollte ich noch schnell vorbeigehen oder anrufen? Wem könnte ich heute eine Freude machen? Für wen sollte ich beten? Wo sind Menschen in Not? Welche Menschen hat Gott mir ans Herz gelegt? Gehen ist ein aktives Tun. Es geht also nicht darum, einfach zu warten, bis irgendwer vorbeikommt, bis irgendwer mich um etwas bittet. Es geht darum, sich von der Liebe Jesu drängen zu lassen.

Die beiden Jünger werden zuerst zu denen gesandt, die sie kennen. Die Sendung führt uns zuerst zu den Menschen, mit denen wir zusammenleben, zu den Angehörigen, zu den Freunden, zu den Kolleginnen und Kollegen am Arbeitsplatz, in die Vereine, zu unseren Hobbies, zur Nachbarschaft, zu den Mitgliedern der eigenen Gemeinde. Da, wo die Menschen uns kennen, ist Echtheit gefragt. Da kann niemand etwas auf längere Zeit vortäuschen.

Je mehr wir Jesus unser Leben gegeben haben und er es in seinen Leib wandeln durfte, umso mehr werden die Menschen in uns seiner Liebe, ja ihm persönlich begegnen. Die Atmosphäre Jesu wird durch uns ausstrahlen. Der Duft Jesu wird durch uns ausströmen. Darum sagt Paulus: *«Wir sind Christi Wohlgeruch» (2 Kor 2,15a).* Das Sein strahlt aus. Die Art und Weise wie wir sind, wie wir unseren Alltag, wie wir unsere Beziehungen leben, ist das erste Evangelium, das verkündet wird. Das Sein geht immer den Worten voraus.

Sich zuerst beschenken lassen

Endlich in Jerusalem angekommen, erleben die beiden Jünger die grosse Überraschung. Als sie mit ihrer Neuigkeit aufgeregt in den Raum stürzten, in dem ihre Freunde in Jerusalem versammelt sind, da wussten sie es bereits. Noch bevor sie den Elf ihre Geschichte erzählen können, sagen diese zu ihnen: *«Der Herr ist wirklich auferstanden und ist dem Simon erschienen.»* Welch eine Ernüchterung!

Das zeigt einmal: Es gibt verschiedene und vielfältige Begegnungen mit dem Auferstandenen. Nie dürfen wir Jesus auf unsere Erfahrung seiner Gegenwart und auf unsere Erfahrung seiner Liebe einschränken. Der Geist des Auferstandenen, der Geist Jesu weht, wo, wann und wie er will. Auf die vielfältigste und verschiedenste Art und Weise kann er sich als der Lebendige, als der Auferstandene zu erkennen geben.

Weiter weist diese Erfahrung darauf hin, dass Sendung und Mission keine Einbahnstrassen sind, wo der eine nur gibt und der andere nur empfängt. Sendung heisst immer: gegenseitig sich beschenken lassen und gegenseitig geben. So empfangen die beiden zuerst. Sie werden beschenkt mit der Erfahrung des Simon. Sendung heisst darum, zuerst offen sein für die anderen. Zuerst auf ihre Erfahrungen hören. Zuerst sie nach ihrem Leben, nach ihren Gedanken, nach ihren Sehnsüchten, Ängsten und Sorgen fragen.

Der Kreislauf der Liebe Jesu

Sendung ist immer ein gegenseitiges Geschehen. Wenn wir zu den Menschen gehen, zu den Enttäuschten, zu den Zweifelnden, zu den Einsamen, zu den Ausgestossenen, zu den Kranken, um ihnen die Botschaft der Hoffnung zu bringen, dann werden wir auch von diesen Menschen beschenkt. Der Geist Jesu Christi, der in ihrer Armut und ihrer Not verborgen ist, wird uns beleben. Mutter Teresa hat das so formuliert: «Wir sehen Christus in zweierlei Gestalt. Wir sehen ihn auf dem Altar als Hostie, und wir sehen ihn in den Elendsvierteln in den zerbrochenen Körpern der Ausgestossenen. Ich finde einen von Würmern zerfressenen Leib. Ich weiss, wenn ich ihn anfasse, berühre ich den Leib Christi.»

Dieser «von den Würmern zerfressene Leib Christi» segnet. In dieser Haltung werden die Menschen, zu denen wir gesandt werden, nie zu Objekten, nie zu «armen Empfängern», sondern zu Menschen, die uns segnen, die uns gut tun, die für uns ein Geschenk sind. Wenn der Geber empfängt und der Empfänger gibt, dann fliesst der Kreislauf der Liebe Jesu. Beide empfangen und beide geben. Genau das will Eucharistie bewirken.

Wenn ich predige, wenn ich Vorträge halte, wenn ich Gespräche führe, wenn ich an Sitzungen teilnehme oder leite, dann werde ich immer auch von den anderen beschenkt. Ich werde vom Geist des Auferstandenen, der in den andern da ist, beschenkt und belebt.

Wenn ich in dieser Haltung Menschen begegne, meine Sendung lebe, bin ich viel weniger ausgelaugt. Ich bin dankbarer, dienen zu dürfen. Das will Eucharistie bewirken: dankbar zu werden, dienen zu dürfen. Dankbar Brot der Liebe Jesu für andere sein zu dürfen, Brot der Liebe Jesu, das andere essen, das andere belebt, das anderen gut tut, das anderen dient.

Ritushinweise

Der Auferstandene, den wir in der Kommunion aufgenommen haben, führt uns zur Gemeinschaft mit den Schwestern und Brüdern. Kommunion will zum Dienst an ihnen hinführen. Gerade darin wird uns grössere Heilsfülle geschenkt. Im Dienst werden wir geheilt.

In Gemeinschaft gesandt

Dieser Aspekt des Christseins, der sich in den Schlussriten der Eucharistie verdichtet, bedarf heute dringend der Neubelebung. Nur zu lange lebten wir eine Eucharistiepraxis, in der die Einzelnen nur auf sich und die Eucharistie schauten. Die Beziehung zur Gemeinschaft und der gemeinschaftliche Dienst aneinander und miteinander waren weitgehend Nebensache. Das führte zu fatalen Folgen. Denn so geht man dort in den Gottesdienst, wo es einem am besten passt. Man sucht die Pfarrgemeinde und die Gottesdienstzeit aus, die den eigenen Bedürfnissen am besten entspricht. So sucht man sich irgendwo in der Kirche einen Platz, wo man in seiner Andacht ungestört ist. So geht man zur Kommunion, um möglichst viel für sich zu empfangen.

Doch darum geht es gerade nicht. Denn die Kommunion will uns im Leib Jesu hier und heute verbinden. Die Kommunion will uns in den Bund Jesu für die Welt von heute einfügen. Wir werden seine Verbündeten hier auf der Erde. Wir sind, untereinander verbunden als Schwestern und Brüder, das Volk, durch das Jesus in besonderer Weise in die Geschichte der Welt eingreifen will. Das führt zur Frage: Wie können wir zusammen als Leib Jesu Christi hier leben? Wie möchte er durch uns wirken? Wie möchte er uns zusammenfügen? Wie möchte er uns in den Dienst nehmen?

Wenn wir die Kirche verlassen, will Jesus durch uns mit den Menschen «draussen» in Berührung kommen. Durch uns will er sie sein Heil und sein Erbarmen erfahren lassen. In gewisser Weise fängt die Eucharistie jetzt erst richtig an. Ein Gebet, das im 14. Jahrhundert in einem spanischen Kloster gefunden wurde, beschreibt dies sehr eindrücklich.

> Christus hat keine Hände, nur unsere Hände,
> um seine Arbeit heute zu tun.
> Er hat keine Füsse, nur unsere Füsse,
> um Menschen auf seine Wege zu führen.
> Christus hat keine Lippen, nur unsere Lippen,
> um Menschen von ihm zu erzählen.
> Er hat keine Hilfe, nur unsere Hilfe,
> um Menschen an seine Seite zu bringen.

Wir sind die einzige Bibel,
die die Öffentlichkeit noch liest.
Wir sind die einzige Botschaft Gottes,
in Taten und Worten geschrieben.

Und wenn die Schrift gefälscht ist,
nicht gelesen werden kann?
Wenn unsere Hände mit anderen Dingen
beschäftigt sind, als mit den Seinen?

Wenn unsere Füsse dahin gehen,
wohin die Sünde zieht?
Wenn unsere Lippen sprechen,
was er verwerfen würde?
Erwarten wir, ihm dienen zu können,
ohne ihm nachzufolgen?
Christus hat keine Hände, nur unsere Hände,
um seine Arbeit heute zu tun.

Segen empfangen und geben

Diese unsere Hände, ja unser ganzes Sein, sollen mit dem **Segen** Gottes erfüllt werden. Im Geben empfangen wir. Das gilt auch für den letzten Ritus, den Segen. Im Segen wird die Heilskraft Gottes weitergegeben. Die Menschen spürten bei Jesus diese Heilskraft. *«Alle Leute versuchten, ihn zu berühren; denn es ging eine Kraft von ihm aus, die alle heilte» (Lk 6,19).* Diese Heilskraft entsprang der Liebe in seinem Herzen, die durch seinen Körper ausströmte.

Zwei Zeichen gehören zum Ritus des Segnens. Das erste ist die Handauflegung oder Handausbreitung. So hat auch Jesus den Kindern und Kranken, die er segnete, die Hände aufgelegt. Während der Handauflegung oder Handausbreitung wird die Bitte ausgesprochen, dass Gott jetzt segne. Die einfachste Form im Ritus lautet: *«Es segne euch der allmächtige Gott, der Vater und der Sohn und der Heilige Geist.»*

Das zweite Zeichen des Segnens ist das Kreuzzeichen. Es weist darauf hin, dass die ganze Fülle des Heiles uns durch Jesus Christus zuteil wird, weil er uns mit seinem Leben, Sterben und Auferstehen erlöst hat. Das Kreuz ist in sich kein Segen. Das Kreuz war ein brutales Todesinstrument. Heilbringend ist jedoch die Liebe, in der Jesus bereit war, selbst den Tod am Kreuz auf sich zu nehmen. Darum wurde das Kreuz Jesu zur Quelle des Segens. So erinnert die Form des Kreuzes immer daran, dass allein die Liebe, die auch bereit zum Opfer ist, heilbringend ist.

Mit dem *«Amen»* als Antwort und dem Kreuzzeichen nehmen wir bewusst den Segen Gottes – vermittelt durch den Priester – an. Jesus segnet zuerst durch den Priester und dann durch alle Glieder seines Leibes. So sind wir alle sind zum Segnen berufen. Im Segnen wirkt Gottes Heilskraft durch uns. Wie bei Jesus ist auch bei uns die Quelle des Segnens die Liebe im eigenen Herzen. Wenn wir für einen Menschen eine tiefe Liebe empfinden, können wir diese mit einer Bitte um Gottes Segen auf den anderen Menschen übertragen. Diese Liebe kann mit äusseren Zeichen verstärkt werden. Ein warmer Händedruck, eine Umarmung, ein gutes Wort, ein lieber Blick und vieles mehr kann dies sein. In besonderer Weise kann der Segen durch Gebet mit Handauflegung und Kreuzzeichen weitergegeben werden.

Segnend wirken

Wir werden aus der Eucharistie mit dem Frieden Jesu entlassen. *«Gehet hin in Frieden»*, so lautet der **Entlassungsruf**. Dieser Friede wird unsere Kraft sein. Denn wenn wir in die Welt hinausgehen, werden Probleme und manch dunkle Machenschaften auf uns zukommen. Das kann Angst und mutlos machen. Doch gestärkt durch die Eucharistie und den Segen Gottes nehmen wir die Gewissheit mit, dass Gottes Liebe und Heilskräfte stärker sind als alles Dunkle, Negative, Zerrissene und Zerstörende in der Welt. Wir wissen es, denn diesen Sieg der Liebe haben wir ja in der Eucharistie gefeiert. So wissen wir, dass alles gut herauskommen wird. Diese Gewissheit stärkt uns. Sie gibt eine unzerstörbare Hoffnung.

Diese Hoffnung will uns zu aktiver Welt- und Lebensgestaltung hinführen. Das bedeutet keinen Rückzug von den Problemen, keine Flucht in die Innerlichkeit und keine Einschüchterung durch welche Mächte auch immer, sondern aktiv handeln. *«Laß dich nicht vom Bösen besiegen, sondern besiege das Böse durch das Gute» (Röm 12,21)*. Aktiv handeln mit der Bereitschaft, auch Leiden und Schmerz anzunehmen. Denn, an der Durchsetzung der Erlösung mitzuwirken, geht nicht ohne Verkennung, Ablehnung, Spott und Leiden. Wer Licht bringt, wird von der Finsternis gehasst. Wer die Wahrheit bringt, ist den Lügnern ein Dorn im Auge. So werden wir – ausgerüstet mit der Segenskraft Gottes – mitten in eine feindliche Welt gesandt. *«Geht! Ich sende euch wie Schafe mitten unter die Wölfe» (Lk 10,3).* Dorthin haben wir die Liebe und den Segen Gottes zu bringen, wie Jesus sagt: *«Euch, die ihr mir zuhört, sage ich: Liebt eure Feinde; tut denen Gutes, die euch hassen. Segnet die, die euch verfluchen; betet für die, die euch mißhandeln» (Lk 6,27–28).* Wer mit Liebe, Gebet und Segen antwortet, wird selbst mitten in Kränkungen die Fülle des Segens erhalten. *«Vergeltet nicht Böses mit Bösem noch Kränkung mit Kränkung! Statt dessen segnet; denn ihr seid dazu berufen, Segen zu erlangen» (1 Petr 3,9).*

Dankbar sein, dienen zu dürfen

So wurden nicht nur wir durch die Eucharistie gewandelt. Die Kraft der Eucharistie wird durch uns die Welt verwandeln. Da mithelfen zu dürfen ist ein Geschenk, eine grosse Würde. So schliesst auch die Eucharistiefeier mit dem Dank, mithelfen zu dürfen: *«Dank sei Gott dem Herrn».*

Dienen und lieben dürfen wird als Geschenk erfahren, als Grund zum Danken. So wird ein Mensch durch die Gnade der Eucharistie mehr und mehr befähigt, für alles danke zu sagen. *«Sagt Gott, dem Vater, jederzeit Dank für alles im Namen Jesu Christi, unseres Herrn» (Eph 5,20).* So führt das Leben der Eucharistie zu einem von Dankbarkeit, Frieden und tiefem Glück erfüllten Leben.

Konkret

Liebe Leserin, lieber Leser

Unsere Berufung ist es, ein Segen für alle zu werden. Gibt es etwas Schöneres und zutiefst Beglückenderes als das? Der Weg dazu geht über viele Wandlungsschritte. Ein solcher Schritt ist das Feiern. Schön ist es, wenn Sie diesen Weg mit einer Feier der Eucharistie abschliessen können.Vielleicht möchten Sie anschliessend auch ein kleines Fest feiern. Dann können Sie aus den Dankeskörnern ein kleines Brot backen und mit Wein (oder was Sie sonst gerne trinken) ein Agape-Essen vorbereiten. Den Tisch festlich schmücken und sich selber schön machen, kann zur Feststimmung beitragen. Vielleicht ist es für Sie befremdend, für sich allein ein Fest zu feiern. Dann laden Sie doch jemanden ein.

Noch etwas: Mit dieser Feier ist der Weg nicht zu Ende. Es geht vielmehr weiter. Noch ein letztes Mal lade ich Sie darum ein, sich auf das Begleitheft einzulassen und sich vom Heiligen Geist die weiteren Schritte zeigen zu lassen

Danke, dass Sie den Weg bis zum Seminarende gegangen sind.

Die Zukunft feiern

Unser christlicher Glaube ist durch und durch Frohbotschaft. Die Kernaussage dieser Botschaft heisst: Wir sind erlöst. Gott hat alle Menschen, ja die ganze Schöpfung erlöst. Anders gesagt: Es gibt Hoffnung, Hoffnung für uns, Hoffnung für alle Menschen, Hoffnung für die ganze Schöpfung. Doch heute ist es nicht mehr so einfach von Hoffnung zu reden. Denn, was wir vielfach sehen und in der Welt erfahren, kann uns schnell zur Resignation verleiten.
Wache und denkende Menschen sehen nicht nur Arbeitslosigkeit, Hunger, zunehmende psychische Schäden und Störungen, sondern auch globale Gefahren. Wir können an die tödlichen Gefahren von atomaren Katastrophen, an die Umweltzerstörung, an Aids und neue Seuchen denken. Ein ernstzunehmender Viruloge sagte zum Beispiel, dass durch neue Viren, die durch die Atemluft übertragen werden, die gesamte Weltbevölkerung ausrottbar wäre. Wir Menschen leben bedroht.

Gott gibt uns Zukunft

Mitten in diesen Bedrohungen feiern wir in der Eucharistie einen Gott, der in allem mit uns ist, der uns liebt und der auch dann noch Zukunft für uns hat, wenn wir, irdisch gesehen, kapitulieren müssten. Zukunft deswegen, weil das irdische Leben nicht alles ist. So beglückend und faszinierend es phasenweise auch ist, es ist wie Monika Nemetschek sagt – «die Ouvertüre, das Vorspiel» dessen, was Leben heisst. Denn Gott wird uns im Tod in eine neue Seinsweise, in überwältigende Dimensionen von Leben, in ein unvorstellbar herrliches, ewiges, gelobtes Land führen.

Gott führt uns in Jesus Christus in eine neue, herrliche Zukunft. Der Beginn dieser neuen Zukunft ist bereits Vergangenheit. Jesu Christi, als die historische Person, in der Gott Mensch wurde und uns erlöst hat, ist der Wendepunkt der gesamten Weltgeschichte. Darum wird zu Recht die Zeit vor und nach ihm berechnet. Seither und durch sein Wirken – so sagt uns provokativ der christliche Glaube – geht es aufwärts, auf Neugestaltung und Vollendung zu.

Es ist eine Vollendung, die wir Menschen mit allem Negativen, das wir einander und der Schöpfung antun, nicht verhindern können. Das ist die Frohbotschaft: es geht unwiderruflich aufwärts.

«Wie ein Traum wird es sein, wenn der Herr uns befreit zu uns selbst und zum Glück seiner kommenden Welt.» Diese Liedstrophe lässt einen Hauch dessen erahnen, was Gott für uns alles noch bereithält und worauf wir zugehen: auf ein Leben in Freude, Weite, Frieden; auf ein Leben mit Zukunft. Ewiges Leben, das schon jetzt beginnt; das Leben im Reich Gottes.

Das Reich Gottes ist da

In der Auferweckung Jesu wurde das Reich Gottes errichtet. Die Befreiung des ganzen Universums, die Heilung der ganzen Schöpfung hat damit unwiderruflich begonnen. Es ist nur noch eine Frage der Zeit, bis alles davon durchdrungen sein wird. Diese Glaubenssicht eröffnet uns mitten in den Gefährdungen und Bedrängnissen dieses Lebens einen neuen Horizont. Der Blick geht nach vorne. Die Zukunft hat damit bereits begonnen.

Jesus hat in vielen Bildern von dieser Zukunft, vom Reich Gottes gesprochen. Dieses Reich ist bereits da und ist zugleich kommend. In seinen beglückenden, alle Vorstellungen übertreffenden Dimensionen kommt es auf uns zu und bricht in unsere Welt ein. Das Festmahl, «zu Tisch sitzen» bei einem Hochzeitsfest, ist sein meist gebrauchtes Bild für das Reich Gottes. *«Mit dem Himmelreich ist es wie mit einem König, der die Hochzeit seines Sohnes vorbereitet» (Mt 22,2).* Gott selber veranstaltet seinem Sohn ein Riesenfest. Es drängt ihn, uns alle zu diesem Fest einzuladen: *«... alles ist bereit. Kommt zur Hochzeit» (Mt 22,4).*

Die Freude des Festes ist das wesentliche Kennzeichen des Reiches Gottes. Gott, der voll Freude und Glück ist, will beides nicht für sich behalten, sondern es mit allen Menschen teilen. Nicht knausrig, sondern in Fülle, ja in Überfülle will Gott Freude schenken. Das zeigt auch das erste Zeichen des Reiches Gottes im Johannesevangelium. Jesus schenkt bei einer Hochzeit 600 (!) Liter feinsten Wein. Wein ist Zeichen der Freude, der Fröhlichkeit und Unbeschwertheit. Wein ist Zeichen für die Gottesfreude, die Jesus allen in Fülle schenken will.

Die Spuren des Reiches Gottes preisen

Doch, können wir uns freuen, wenn wir mit offenem Herzen unsere Welt anschauen? Leid, Ungerechtigkeit, Not, Unsicherheit, Angst, Schmerz, Vergewaltigung, ja ein Meer von Tränen umgibt uns. Jesus ist da ganz realistisch. Nach seinen Aussagen wird das Dunkle in dieser Welt nie fehlen. Doch mitten in diesem Dunkeln kann uns die Freude Gottes, die Freude des Reiches Gottes geschenkt werden. Es ist die Freude, im Reich Gottes leben zu dürfen, die Freude, dass die Liebe stärker ist, die Freude, dass Gottes Heil da ist und alles gut macht. Es ist die Freude, unwiderruflich zu diesem Reich zu gehören. Diese Freude des Reiches Gottes können wir oft gerade bei den Menschen sehen, die es nicht einfach im Leben haben oder hatten, denn diese Freude ist intimes Glück, das von ganz innen her ausstrahlt.

Die Eucharistie lädt uns ein, mitten in unserer oft dunklen Welt, dieses Fest Gottes zu feiern, das bereits begonnen hat. Sie lädt ein, jede Spur der neuen und geheilten Schöpfung, jede Spur des Reiches Gottes zu feiern. Denn die Erlösung ist bereits geschehen. Auf ihre Vollendung gehen wir unwiderruflich zu. Die Offenbarung richtet unsern Blick auf das Fest, das in Gott bereits da ist und auf das wir gleichzeitig zugehen. *«Halleluja! Denn König geworden ist der Herr, unser Gott, der Herrscher über die ganze Schöpfung. Wir wollen uns freuen und jubeln und ihm die Ehre erweisen. Denn gekommen ist die Hochzeit des Lammes, und seine Frau hat sich bereit gemacht. Selig, wer zum Hochzeitsmahl des Lammes eingeladen ist» (Offb 19,6b-7.9b).*

Das Fest hat bereits begonnen

In der Eucharistiefeier richten wir unsere Augen auch auf die Zukunft. Die Eucharistie ist auch Gedächtnisfeier der Vollendung. Sie ist die Vorfeier einer grandiosen Zukunft, in der unser Glück, unsere Freude und unser Jubel keine Grenzen mehr kennt. Unsere kühnsten Träume und Sehnsüchte von Leben, Glück, Gemeinschaft für uns und alle Geschöpfe werden, in für uns unfassbarer Weise, übertroffen werden.

Wir müssen noch lange warten, bis dieses Glück in der ganzen Fülle da ist. Aber wir können jede Spur, jede Erfahrung des kommenden Glückes des Reiches Gottes dankbar sehen und uns darüber freuen, den Vater preisen und feiern. Solches Sehen und Feiern erfüllt uns mit Hoffnung. Hoffnung für uns und für alle Geschöpfe. Die Hoffnung gibt uns Zukunft. Sie motiviert uns zur Mitarbeit am Kommen des Reiches Gottes. Diese Hoffnung weiss: Leid, Trauer, Schmerz, sind vorübergehend, wie das Hindurchgehen durch einen Tunnel. Was bleibt, was für immer bleiben wird, ist die Freude und ein ungetrübtes Glück in der Gemeinschaft mit Gott, mit den Menschen, ja mit der ganzen Schöpfung. Die Hoffnung weiss: Die Zukunft, das Fest hat bereits begonnen.

Bilderverzeichnis:

Quellenangaben

Literatur:

Adam, Adolf: Die Eucharistiefeier. Verlag Herder, Freiburg i. Br. 1991.

Braun, Josef: Mit Seele und Leib. Verlag Herder, Freiburg i. Br. 1997.

Gartner, Kurt: Lieber Bruder Bischof. Verlag Herder, Freiburg 3. Auflage 1990

Grün, Anselm: Eucharistie und Selbstwerdung. Vier Türme Verlag, D-Münsterschwarzach 1990.

Jalics, Franz: Miteinander im Glauben wachsen. Anleitung zum Glaubensgespräch. Pfeiffer Verlag, München 1982.

De Mello, Anthony: Wo das Glück zu finden ist. Jahreslesebuch. Verlag Herder, Freiburg 7. Auflage 1998.

Nemetschek, Monika: Selig die Trauernden, denn sie sollen getröstet werden. Tyrolia-Verlag, Innsbruck 1996.

Nouwen, Henri J. M.: Die Kraft seiner Gegenwart. Verlag Herder, Freiburg 3. Auflage 1996.

Rahner, Karl und *Vorgrimmler,* Herbert: Kleines Konzilskompendium, Verlag Herder, Freiburg i. Br. 1972.

Rohr, Richard: Vision einer neuen Welt. Verlag Herder, Freiburg i. Br. 1996.

Rotzetter, Anton: Gottes Leidenschaft ist Liebe. Verlag Herder, Freiburg i. Br. 1990.

Schallberger, Franz-Toni: Eucharistie – leibgewordener Glaube. Kanisius Verlag, CH-Freiburg 1992.

Schobesberger, Franz: Anstiftung zum Glücklichsein. Pro Corde Verlag, A-Pettenbach 1997.

Texte der Kirchenväter. Kösel Verlag, München 1964.

Widmann, Gertrud: Die Bilder der Bibel von Sieger Köder. Schwabenverlag, D-Ostfildern 1996.

Zitate mit Namensangaben sind aus folgenden Büchern:

1 *Schallberger,* Franz-Toni: Eucharistie – leibgewordener Glaube, S. 9–12.
2 Vgl. *Gartner,* Kurt: Lieber Bruder Bischof, S. 93.
3 De Mello, Anthony: Wo das Glück zu finden ist, S. 63.
4 Zitiert nach: Bulletin der Erneuerung, Nr. 13, Steinach 1996 S. 14/15, übersetzt von La Croix 5/95.
5 Quelle unbekannt
6 vgl. *Justin der Märtyrer*: Texte der Kirchenväter, S. 277.